Alliance des Arts.

CATALOGUE

DE DESSINS

Des Grands Maîtres

ITALIENS, ESPAGNOLS, ALLEMANDS, FLAMANDS,
HOLLANDAIS ET FRANÇAIS,

PROVENANT DU CABINET

DE M. VILLENAVE.

Abréviations employées dans ce catalogue.

N.   Né.
M.   Mort.
H.   Hauteur en centimètres.
L.   Largeur.
D.   Diamètre.
C. Cab.   Cabinet.
C. Col.   Collection.
Cat.   Catalogue.
          Encadré.

———◦◦◦◦◦◦———

LES ACQUÉREURS PAYERONT CINQ CENTIMES PAR FRANC EN SUS
DU PRIX DE L'ADJUDICATION.

L'ordre des vacations sera délivré pendant le cours de l'exposition.

Imprimerie de HENNUYER et TURPIN, rue Lemercier, 24, Batignolles.

ALLIANCE DES ARTS.

CATALOGUE
DE DESSINS
Des Grands Maîtres

ITALIENS, ESPAGNOLS, ALLEMANDS, FLAMANDS, HOLLANDAIS ET FRANÇAIS,

PROVENANT DU CABINET

DE M. VILLENAVE,

Membre de plusieurs sociétés savantes;

RÉDIGÉ

PAR T. THORÉ,

L'un des directeurs de l'Alliance des Arts.

*La Vente se fera le 1er décembre 1842, et jours suivants, à midi,
dans les salons de l'Alliance des Arts,*

Rue Montmartre, 178,

Par le ministère de Mes COMMENDEUR et BATAILLARD, comm.-priseurs.

EXPOSITION PUBLIQUE

*Les 28, 29 et 30 novembre, de midi à quatre heures,
et tous les matins des jours de vente.*

PARIS
ADMINISTRATION DE L'ALLIANCE DES ARTS,
RUE MONTMARTRE, 178.
1842

AVANT-PROPOS.

L'Alliance des Arts a voulu commencer la série de ses ventes par la vente des magnifiques dessins provenant du cabinet de M. Villenave. Il y a cinquante ans que le savant M. Villenave s'est consacré à cette collection, qui compte 22 maîtres de l'école florentine, 15 de l'école romaine, 28 de l'école vénitienne, 32 de l'école bolonaise, 30 des autres écoles italiennes; 9 maîtres allemands, 46 flamands, 47 hollandais et plus de 80 français. Nous croyons pouvoir affirmer que depuis le dix-huitième siècle on n'a pas présenté aux amateurs une collection aussi nombreuse et aussi distinguée : Michel-Ange et André del Sarte, Raphaël et Jules Romain, Giorgione et Titien, Véronèse et Tintoret, Corrège et Parmesan, le Primatice, les Carrache, le Dominiquin, le Guide, le Guerchin, le Caravage et Salvator, Ribera et Murillo, Albert Durer et Holbein, Lucas de Leyde, Rembrandt, Albert Cuyp, Wouvermans, Hobbéma, Berghem, Michel Coxcie, Rubens, Van Dyck, Teniers, Jean Cousin, Poussin, Le Sueur, Claude Lorrain, Lenain, Nanteuil, Watteau, Greuze, David et Prudhon, tous les grands maîtres, y sont représentés par des œuvres incontestables et de première importance. Le Louvre n'a pas de plus beaux dessins de Rubens, ni du Corrège, ni du Poussin, ni de Watteau, entr'autres ; il n'en possède aucun de Jean Cousin, d'Hobbéma, de Cuyp, de

Prudhon, etc.; il n'a point de Le Sueur comparable à notre n° 521,
ni de Greuze aussi charmant que les n°⁵ 615 et 616.

Cette abondance et cette supériorité de la collection Villenave ne
doivent pas surprendre, quand on songe à l'origine de ces dessins :
ils proviennent presque tous des cabinets suivants : —Crozat, —Mariette, — Nourri, — Joubert, — Hamal de Liége, — B. Nergaard,—
Théodore Karjavine , — Jean Pierre Zoomers, — Cauvet, —Julien de Parme, — Gouvernal, — Burdet, — François Regnault de
Lalande, —Langlès, directeur du musée de Versailles,— Abbé
de Tersan, — Rolland, sculpteur, —Robert, Vincent, Suvée et
Peyron, peintres, — Willé père, graveur, —Chalgrin, architecte,—
le chevalier Lély, peintre, — capitaine Fachot, — Craufurd, —sir
Charles Bagot, — Nathaniel Hône, — Martini, — marquis de Lagoy, — Grivaud de la Vincelle, — Dufourny, — Gounod, — Florenville, — Houdri, — Sylvestre,— Raymond, — Valenciennes, —
Lempereur, — Constantin, etc. Il faut ajouter encore divers cabinets dont les marques nous sont inconnues; par exemple : A R D;
—P. H.; — B dans un cercle; — une ancre de navire dans un
cercle ; — etc.

Nous avons classé les maîtres par ordre d'écoles et de chronologie.
Cette méthode nous paraît infiniment supérieure au classement alpha-
bétique, adopté le plus souvent. Nous pensons qu'on suit bien mieux
le développement de l'art, en passant ainsi d'un maître à ceux qu'il a
engendrés. Cette généalogie régulière est très-difficile pour le rédac-
teur, et elle entraîne beaucoup d'arbitraire. On est quelquefois fort
embarrassé pour placer un maître dans son temps et dans son lieu.
Primatice, par exemple, est Bolonais d'origine, élève de Jules Romain, Florentin par le style, et il a contribué à fonder l'école française. Où placer logiquement le Primatice? Chez les-Italiens, la

plupart des maîtres de l'école romaine, surtout au dix-septième siècle, proviennent d'écoles étrangères, comme Lanfranc qui est Bolonais bien plus que Romain. Chez les peuples du Nord, il y a des artistes qui ont étudié avec les Flamands et les Hollandais, qui ont habité la Hollande et la Flandre, et qui participent du style des deux écoles. Où les placer? Pourquoi encore commencer plutôt par l'école de Florence que par l'école de Rome? Ce sont là les inconvénients du classement par ordre d'écoles et de chronologie. Mais les avantages effacent tous ces inconvénients, et nous espérons qu'on nous pardonnera d'avoir quelquefois changé les habitudes consacrées.

Par exemple, nous avons cru devoir restituer à l'école française plusieurs peintres ordinairement classés dans l'école flamande, comme Philippe de Champagne, Van der Meulen, Francisque Milet et autres; car nous avons plutôt consulté le style que le lieu de naissance.

Et, de même, nous savons que nous avons hasardé certaines attributions, en suivant les indications des catalogues précédents, et les notes que M. Villenave nous a communiquées. Nous avons préféré, même contre notre propre sentiment, ne pas nous écarter d'une tradition d'un demi-siècle. Les véritables connaisseurs auront bien le soin de nous rectifier, s'il y a lieu.

Il manque une partie importante à la suite de nos descriptions : c'est l'indication des gravures et des graveurs; mais la Bibliothèque royale était fermée pendant que ce catalogue a été rédigé. Heureusement, le savant conservateur des estampes, M. Duchesne aîné, a bien voulu, sur quelques points, nous renseigner de son érudition et de sa mémoire. Nous n'avons eu que nos souvenirs aussi pour signaler les analogies avec les dessins du Louvre, car la galerie des dessins est fermée momentanément.

Au reste, nous nous sommes abstenu des amplifications habituelles sur les principaux maîtres. Il nous a paru qu'il suffisait d'une description simple et claire, même pour les ouvrages de Rubens, du Corrège, du Titien et de Raphaël, qui se recommandent tout seuls.

T.

CATALOGUE
DE DESSINS

DES GRANDS MAITRES

ITALIENS, ESPAGNOLS, ALLEMANDS, HOLLANDAIS, FLAMANDS ET FRANÇAIS.

ÉCOLES D'ITALIE.

École de Florence.

GHIRLANDAJO (DOMENICO CORRADI DEL).
N. à Florence 1451, m. 1495, maître de Michel-Ange.
1. *Grande figure de femme entourée d'enfants.* — Lavé et rehaussé de blanc.
    H. 36 centimètres, L. 27.

MICHEL-ANGE (BUONAROTTI).
N. 1474, m. à Rome 1563.
2. *Etude pour une des grandes figures de la chapelle Sixtine.*
    — Un homme avec une draperie collante au torse, et flottante au-dessus des cuisses, est assis, la partie supérieure du corps renversée, dans une attitude d'une énergie extraordinaire. Le mouvement de l'épaule rappelle la figure d'*esclave* en marbre blanc, du Musée de la Renaissance, et l'une des figures couchées, du Tombeau de Jules II. Le raccourci de la tête se retrouve presque analogue dans quelques figures du Jugement dernier. A droite, une figure de jeune homme appuyé sur le coude, et au-dessus une tête d'enfant. — A la plume.
    H. 40, L. 28.

BANDINELLI (BACCIO).
N. à Florence 1487, m. 1559, élève de son père et de Rustici. Influence de Michel-Ange.

3. *Un mascaron.* — Tête monstrueuse avec des cornes et des oreilles de bélier. — A la plume. Attribué quelquefois à Michel-Ange, quelquefois à Beccafumi de Sienne.

H. 24, L. 19.

4. *Grande figure de femme nue.* — A la plume.

H. 39, L. 20.

DANIEL DE VOLTERRE (RICCIARELLI).

N. à Rome 1566, élève du Sodoma et du Peruzzi. Influence de Michel-Ange.

5. *La prière.* — Un enfant et une femme agenouillés. L'enfant a les mains jointes, et la femme l'enveloppe de son bras gauche, comme d'une aile, tandis que de sa main droite elle lui montre le ciel. — Superbe dessin, tout à fait analogue au n° 191 des dessins du Louvre. — Au crayon rouge.

H. 38, L. 33.

6. *Grande figure d'homme nu*, avec un casque. — Très-terminé, à la mine de plomb et à l'estompe. — Cabinets Crozat, Nourri et Joubert.

H. 40, L. 22.

CHRISTOPHE (DEL PIOMBO).

Compagnon de Michel-Ange. C'est le nom inscrit par Hamal derrière le dessin. — Nous n'avons trouvé aucune indication sur Christophe. — Hamal a-t-il voulu dire *Sébastien* del Piombo ?

7. *Apollon et Marsyas.* — Le satyre est accroché par les pieds à un tronc d'arbre. — A l'encre, lavé et rehaussé de blanc. — Collection Hamal, de Liége. Ce dessin rappelle ceux de Facini, élève des Carrache, et surtout le n° 214 du Louvre.

H. 41, L. 20.

8. *Hercule terrasse un taureau.* — Du plus grand style; à la plume et lavé. — Gravé avec le nom d'un maître flamand.

H. 27, L. 21.

VASARI (GIORGIO).

N. 1512, m. 1574, élève de Guillaume de Marseille, de Michel-Ange, d'Andrea et du Rosso ; auteur de la *Vie des Artistes Italiens.*

9. *Chœurs d'anges.* — Dessin à la plume et lavé, de forme circulaire, pour une peinture à fresque de Florence. — C. François Regnault Delalande.

H. 28, L. 49.

ANDRÉ DEL SARTE (VANUCCI).

N. à Florence 1488, m. 1530, élève du Barile et du Cosimo. Influence du Vinci et de Michel-Ange.

10. *Sujet de la vie de saint Jean-Baptiste.* — Un ange s'approche des fonts baptismaux. Aux deux côtés sont de grandes figures immobiles. — A la plume, au crayon, lavé et rehaussé de blanc. — Gravé dans la vie de saint Jean-Baptiste.

H. 32, L. 35.

11. *Un homme, portant un paquet sur la tête et un panier dans la main gauche, monte les marches d'un escalier.* — C'est la figure de la *Visitation*, n° 12 des dessins du Louvre. — Au crayon. — Gravé et mis au carreau pour l'exécution.

H. 38, L. 15.

ROSSO.
N. à Florence 1496, m. à Fontainebleau 1541. Influence de Michel-Ange. A travaillé en France sous le nom de *maître Roux*.

12. *Grandes figures de décoration.* — Femmes et enfants avec des cornes d'abondance, des fruits et des fleurs. — Trait à la plume, fond lavé de bleu. — C. Peyron, peintre.

H. 23, L. 44.

13. *Mise au tombeau.* — Composition analogue à la peinture du Louvre, n° 1206. — A la plume et lavé.

H. 26, L. 26.

14. *Sujet allégorique.* — Au milieu d'une cour, environnée de portiques et de colonnes, est un immense éléphant qui représente sans doute la Force victorieuse. Il est couvert d'une housse aux armes de François Ier : la grande F entrelacée d'une couronne avec des fleurs de lis. Il porte, en outre, sur le front un écusson avec la salamandre et la couronne. Aux pieds de l'éléphant on voit diverses figures allégoriques; l'une, qui paraît symboliser la guerre, laisse tomber ses foudres ; une autre, sans doute la puissance maritime, a déposé son trident. Un ibis et un monstre à triple tête sont encore aux pieds de l'éléphant immobile. Une foule innombrable de figures nues se presse sur les corniches, entre les colonnes et dans tous les vides de l'architecture. — Cette composition, curieuse et capitale, est dessinée à la plume et légèrement lavée.

H. 28, L. 47.

CELLINI (BENVENUTO).
N. 1500, m. 1572.

15. *Deux grandes vasques avec des figures de décoration.* — A la plume et légèrement lavé. — Catalogue Tersan, n°s 491 et 492.

H. 26, L. 40.

SALVIATI (FRANCESCO).
N. à Florence 1510, m. 1563, élève d'André del Sarte et du Bandinelli. A travaillé en France, en 1554.

16. *Sainte Famille.* — La Vierge, saint Joseph, sainte Anne, l'enfant Jésus sur les genoux de la Vierge, et saint Jean endormi à leurs pieds. — A la plume. — C. Langlès, directeur du Musée de Versailles.

H. 32, L. 22.

17. *Un enfant endormi, appuyé sur une tête de mort.* — A la plume, imitant la gravure. — C. Langlès.

H. 24, L. 10.

MORELLI (FRANCESCO).
N. à Florence, maître du Baglione.
18. *Deux études d'hommes nus.* — Au crayon noir et rehaussé de blanc. — C. Hamal.
H. 54, L. 32.

BAGLIONE (le chevalier GIOVANNI).
N, vers 1573. — Le Baglione appartient à l'école romaine. Nous l'avons classé parmi les Florentins, à cause de son maître Morelli.
19. *Présentation au temple.* — Le grand-prêtre reçoit l'enfant Jésus, et la Vierge est agenouillée au pied de l'autel. — A l'encre et à la sépia.
H. 35, L. 27.

BOSCOLI (ANDREA).
N. 1550, m. vers 1606, élève de Baccio Carpi.
20. *Projet d'autel.* — Au milieu, la Vierge assise tient l'enfant Jésus dans ses bras. Elle est couronnée par deux anges, et deux saints sont agenouillés à ses pieds. A droite et à gauche, un saint dans une niche. Au-dessus, le Père éternel dans un médaillon. Anges et divers ornements d'architecture. — A la plume et lavé.
H. 34, L. 33.

CIRCIGNANI (NICOLO), dit le POMERANCIO.
M. à 72 ans, vers la fin du seizième siècle. Peut-être élève du Titi.
21. *Un martyre.* — La sainte est dans une chaudière. Des anges voltigent au-dessus de sa tête, portant des palmes et une couronne. A gauche le César sur son trône, à droite la statue de Jupiter Tonnant. Au premier plan, des soldats et des bourreaux. — A la plume et lavé. — C. Hamal.
H. 34, L. 27.
22. *Des femmes qui dansent.* — Belle architecture, figures nombreuses. — A la plume et lavé.
H. 26, L. 22.

CIRCIGNANI (ANTONIO), fils de NICOLO.
23. *Figures d'étude* pour un tableau de baptême. — A la plume et lavé. — C. Peyron.
H. 27, L. 22.
24. *Une tête de femme.* Grandeur naturelle. — Au crayon noir.
H. 37, L. 27.

RONCALLI (le chevalier CRISTOFANO).
N. vers 1552, m. 1626, élève du Pomerancio.
25. *Etude d'homme accroupi*, avec fond de paysage. — Au crayon rouge.
H. 27, L. 34.

CIGOLI (LOUIS CARDI, dit le).
N. 1559, m. 1613, élève de Santi di Tito. Influence du Corrège.

26. *Deux sujets historiques,* sur la même feuille. — A la plume et lavés de bistre, circulaires par le haut. — Gravés.

H. 24, L. 43.

27. *La soumission d'une ville.* — A la plume et lavé.

H. 28, L. 33.

SCAMINOZZI (RAPHAEL).

De Borgo San Sepulcro, élève de Raffaelle del Colle.

28. *L'Adoration des bergers.* — Dix figures. — A la plume et lavé.

H. 32, L. 26.

29. *Jésus entouré de ses apôtres et guérissant un malade.* — A la plume et lavé.

H. 23, L. 23.

PASSIGNANO (DOMENICO CRESTI DA).

N. 1560, m. 1638.

30. *Massacre des innocents.* — Groupes énergiques, sur quatre plans différents. — A la plume et lavé. Circulaire en haut.

H. 43, L. 25.

BELLA (STEPHANO DELLA).

N. à Florence 1610, m. 1664, élève de Carla Gallina. Suit d'abord la manière de Callot. A beaucoup gravé à l'eau-forte.

31. *Persée et Andromède.* — Dessin extrêmement vif. — A la plume et lavé.

H. 10, L. 19.

DOLCI (CARLO).

N. 1616, m. 1686, élève de Jacopo Vignali.

32. *Tête de Christ,* de grandeur naturelle, et de l'expression la plus douloureuse. — Terminé, au crayon rouge.

H. 35, L. 27.

33. *Tête de Vierge.* — id.

H. 31, L. 23.

LUTTI (BENEDETTO).

N. à Florence 1666, m. 1724, élève du Gabbiani.

34. *Une sainte au milieu des anges reçoit la communion.* — A la plume et chaudement lavé. — Cabinet ARD.

H. 31, L. 25.

35. *Deux lutteurs.* — Étude de deux figures nues. — Au crayon rouge. — C. de Hamal, qui l'attribuait au Bernin.

H. 53, L. 38.

36. *Deux figures nues, avec des draperies.* — Au crayon rouge. — Au dos est un croquis rapide, à la plume, d'une *Adoration* devant la Vierge et Jésus.

H. 29, L. 26.

Ecole de Rome.

ALUNNO (NICOLO), DE FOLIGNO.

Peignait de 1458 à 1492.

37. *Un Calvaire.*—Au milieu, le Christ en croix, et la Madeleine au pied de la croix. A gauche, saint Jean et les saintes femmes ; à droite, des soldats.
H. 19, L. 12.

38. *Le Christ délivre les morts du purgatoire.* — Ces deux sujets sont dessinés sur le même papier. Ils rappellent les six compositions qu'on voit au Louvre, n° 854.—A la plume et lavé.
H. 19, L. 12.

PÉRUGIN (PIETRO VANNUCCI, dit le).
N. 1456, m. 1524, élève de Nicolo Alunno, de Pietro della Francesca et du Verocelo.

39. *Mise au tombeau* [attribué au Pérugin]. — Le Christ est encore sur les genoux de la Vierge-mère, entourée des saintes femmes et des apôtres. Composition de onze figures, d'un sentiment exquis. —Au crayon rouge.
H. 23, L. 31.

RAPHAËL.
N. à Urbin 1483, m. 1520, élève du Pérugin.

40. * *Isaac bénissant Jacob à la place d'Esaü.* — Composition de sept figures, d'une beauté suprême, et d'une conservation irréprochable. Gravée en plus petite dimension par Santi Bartoli, n° 11 des sujets de la Bible d'après Raphaël, avec ce verset du chap. 29 de la *Genèse* : « esto Dominus fratrum tuorum, et « incurventur ante te filii matris tuæ. » (2e vol. f° 41 de l'œuvre de Bartoli à la Bibliothèque.) — Cet admirable dessin est à la plume, vigoureusement lavé de bistre, et rehaussé de blanc.
H. 16, L. 46.

41. * Fragment de la *Dispute du Saint-Sacrement.* — Côté droit. Les huit figures près de la tribune. On remarque la tête du Dante, et celle d'un pape. Par un caprice d'artiste, ou peut-être par une première intention, Raphaël a reproduit sur la tribune sa composition d'*Adam et Eve* des Loges.—Grand dessin d'une expression magistrale et d'une finesse rare. La physionomie des têtes, la correction des lignes, et la justesse du modelé, sont infiniment supérieures à toutes les gravures de ce chef-d'œuvre. — Au crayon noir, rehaussé de blanc.
H. 52, L. 41.

42. * Étude pour la grande femme qui porte un vase sur la tête, dans l'*Incendie du bourg.* — Le profil perdu est très-expressif, et la bouche pousse un cri désespéré. On admire la transparence des formes sous les draperies. — Au crayon rouge.
H. 41, L. 17.

43. *Triomphe de David* [attribué à Raphaël].—David, tenant sa harpe, est debout sur un char traîné par deux chevaux. Autour de lui, des captifs enchaînés et des soldats. Les chevaux et

quelques figures paraissent être de Jules Romain. — Ovale, sur parchemin, à la plume et au crayon rouge.

н. 28, L. 36.

RAPHAEL [d'après]. — CHAPERON (*Nicolas*).
Peintre et graveur. N. à Châteaudun vers 1596, m. 1647. — Ecole de Vouet. Il a gravé les peintures des loges, sous le nom de *Bible de Raphaël*, qui parut en 1638.

44. Huit dessins, pour les gravures, d'après les loges.—Au crayon rouge et noir.

н. 24, L. 29.

JULES ROMAIN (GIULIO PIPPI).
N. à Rome 1492, m. à Mantoue 1536. —Ecole de Raphaël.

45. *Guerrier terrassant un monstre.* — Il est armé du casque et de la cuirasse. Il tient la poignée de son sabre dans la main droite, et la lame dans la main gauche. — Dessin très-avancé et d'un grand style. A la plume, lavé et rehaussé de blanc. — G. Gounod.

н. 44, L. 27.

46. *Polyphème couché dans son antre.* Figure digne de Michel-Ange. — On voit, au second plan, les compagnons d'Ulysse. — — A la plume et lavé.

н. 29, L. 42.

47. *Combat de cavaliers,* encadré au milieu de décorations d'architecture. — A la plume et lavé.

н. 38, L. 44.

48. *Combat de cavaliers nus.* — Les hommes et les chevaux sont renversés pêle-mêle, avec une incroyable énergie.—Ébauche du plus grand effet, lavée de noir et de blanc.

н. 25, L. 41.

FATTORE (GIOVANNI FRANCESCO PENNI; dit le).
N. vers 1488, m. 1528. — Ecole de Raphaël.

49. *Un docteur explique les livres de la loi, en présence du grand-prêtre.* — Dix figures. — Camaïeu. — Acheté à Florence en 1807.

н. 23, L. 23.

50. *L'Adoration des Mages.* — Grand nombre de riches figures à tous les plans. — A la plume et lavé.

н. 24, L. 34.

POLYDORE (CALDARA).
N. à Caravagio, dans le Milanais, vers 1495, m. 1543. — Ecole de Raphaël.

51. *Combat des Centaures et des Lapythes.* — A la plume et lavé. — Collections Canvet et Julien de Parme.

н. 21, L. 43.

52. *Grande figure de cariatide,* tout à fait raphaélesque. — Magnifique dessin au crayon rouge.

н. 37, L. 15.

53. *L'enlèvement des Sabines.* — A la plume et lavé.
>   H. 52, L. 34.

MATURINO.
>   N. à Florence, m. de la peste à Rome 1527, élève de Raphaël et
>   collaborateur de Polydore.

54. *Combat des Centaures et des Lapythes.*—Imitation des bas-
reliefs antiques. — A la plume et au crayon rouge.
>   H. 13, L. 42.

55. *Plusieurs figures d'hommes avec des chevaux et des chameaux.* — Au crayon noir et à la plume. — C. Peyron.
>   H. 37, L. 31.

56. *Le dernier des Gracques.* — Sept figures, dont une surtout rappelle Raphaël. — A la plume et lavé.
>   H. 19, L. 14.

PERINO DEL VAGA (BONNACORSI).
>   N. à Florence 1500, m. à Rome 1517. — Ecole de Raphaël.

57. *L'Adoration des Mages.* — Une quinzaine de figures en
pied, de grand style. Dans le fond, les chameaux et les chevaux
des rois d'Orient. — A la plume et lavé.
>   H. 27, L. 25.

58. *Mariage de la Vierge et de saint Joseph.* — Imitation du
beau tableau, de la première manière de Raphaël. — A l'encre,
lavé et rehaussé de blanc.
>   H. 20, L. 30.

59. *Modèle d'un saint ciboire.* — A la plume et lavé.
>   H. 38, L. 19.

60. *Groupe de trois amours.* — Dessin circulaire. — Au crayon
et à la plume, sur papier bistré.
>   D. 17.

PELLEGRINO MUNARI, dit aussi ARETUSI.
>   N. à Modène, m. 1523, élève de Raphaël et collaborateur de Perino.

61. *Un combat.* — Figures de guerriers armés, à pied ou à cheval. — A la plume et lavé. — C. Langliès.
>   H. 26, L. 30.

ZUCCARO (TADDEO).
>   N. 1509, m. 1566. — Le N° 64 peut être de Federico, frère
>   de Taddeo.

62. *Le miracle de la multiplication des pains.* — Jésus assis
sur la montagne est entouré de ses disciples et des saintes femmes.
Saint Pierre lui présente les pains. A leurs pieds, la foule innombrable du peuple. — Dessin très-avancé, à la plume, lavé, et
rehaussé de blanc.
>   H. 31, L. 23.

63. *Le Père Eternel, au milieu du chœur des anges jouant de divers instruments.* — A la plume et lavé. — Cab. de Roland, sculpteur.

H. 23, L. 29.

64. *Cérès.* — Figure de décoration, d'un grand effet. — A la plume, lavé et rehaussé de blanc.

H. 42, L. 26.

65. *Un martyre.* — Le saint est attaché à une colonne, les mains liées par-dessus la tête. Deux bourreaux déchirent sa chair. Les anges, descendant du ciel, lui apportent des palmes et des couronnes. Au premier plan, des hommes accroupis préparent les instruments du supplice, des crochets en fer et des brasiers. Dans le fond, arrive le César romain, accompagné de soldats. — Belle composition sur papier bleu, à l'encre, lavée et rehaussée de blanc. — Cab. Pierre Lely. Nous croyons ce dessin du Cambiaso.

H. 43, L. 31.

BAROCCIO (FEDERICO).

N. à Urbin 1528, m. 1612, élève de Batista Franco ; a étudié Raphaël et le Corrège.

66. * *Tête d'homme,* au pastel. — C. Rolland ; Cat. Tersan, n° 488.

H. 37, L. 26.

67. *Etude de chat,* aux trois crayons. — Au verso, étude de draperies.

H. 26, L. 39.

68. *Sainte Famille.* — La Vierge assise tient l'Enfant sur ses genoux. A gauche, saint Joseph ; à droite, saint Jean. — A la plume, et lavé de bleu.

H. 19, L. 23.

PICCHI (GIORGIO).

Vivait en 1559. Sectateur du Baroccio.

69. *Des docteurs et des hommes du peuple.* — Fond d'architecture. — A la plume et lavé. Mis au carreau pour la gravure.

H. 32, L. 27.

RAFFAELLINO (DE REGGIO).

N. 1550, m. 1578, élève de l'Orsi (Lelio de Novellara), lequel suivait le style du Corrège. Raffaellino vint s'établir à Rome, où il a laissé beaucoup de peintures.

70. *Jésus montrant ses plaies à saint Thomas.* — Esquisse pour un tableau, à la plume, au crayon rouge et lavée. — Mis au carreau pour l'exécution.

H. 20, L. 31.

POZZO (GIAMBATTISTA).

N. à Milan, m. à 28 ans. Imitateur de Raffaellino. Lanzi l'appelle le Guide de son époque.

71. *Femme assise, enveloppée de draperies.* — Au crayon noir, rehaussé de blanc.

H. 25, L. 17.

ALBERTI (CHERUBINO).
N. vers 1552, m. 1615.
72. *Un combat.* — A la plume et lavé.

H. 16, L. 40.

CARAVAGIO (MICHEL-ANGE AMERIGHI DA).
N. 1569, m. 1609. Influence du Giorgione.
73. *Mise au tombeau.* — Huit figures. — Esquisse rapide, au crayon. — Cab. B. — Dessin extrêmement rare.

H. 20, L. 28.

MANFREDI (BARTOLOMEO).
N. à Mantoue, élève du Caravage.
74. *Saint Pierre délivré de la prison par un ange.* — Vigoureusement lavé et rehaussé de blanc. — Cab. B.

H. 24, L. 31.

75. Dix sujets de *la Passion de Jésus-Christ :*
    1° Jésus prêche le peuple ;
    2°
    3° } Il est conduit devant Caïphe et Pilate qui l'interrogent ;
    4°
    5° Pilate se lave les mains ;
    6° Jésus est emmené par les soldats ;
    7° Il est battu de verges ;
    8° Il est insulté par les soldats ;
    9° Il est présenté au peuple (*Ecce homo*) ;
    10° Mise au tombeau.
Tous dessinés à la plume, fortement lavés et rehaussés de blanc. — Cab. B.

H. 27 L. 31.

D'ANGELI (PHILIPPO), surnommé le NAPOLITAIN.
N. à rome, m. sous le pontifical d'Urbain VIII, vers 1625.
76. *Bataille de cavaliers.* — A la plume et lavé.

H. 24, L. 42.

FETI (DOMENICO).
N. à Rome 1589, m. à Venise 1624, élève du Cigoli. — A étudié Jules Romain et les Vénitiens.
77. * *Portrait* de grandeur naturelle, et dont la physionomie rappelle celle de Henri IV. — Magnifique pastel très-terminé. — C. Mariette, n° 403.

H. 36, L. 25.

JOSEPIN (GIUSEPPE CESARI, le chevalier D'ARPINO, dit le).
M. vieux en 1640.
78. *Modèle d'une fontaine.* — Un satyre tient une outre, d'où

l'eau jaillit dans une vasque, ornée de sirènes. Des cariatides supportent le haut de la décoration. — A la plume et lavé.

R. 40, L. 24.

79. *Christ dans les bras du Père Eternel.* — A l'encre, au crayon rouge et lavé. — Circulaire.

D. 26.

80. *Figure académique.* — Un guerrier nu tient une épée de la main droite, et terrasse son ennemi de la main gauche. — Au crayon noir et rouge.

H. 39, L. 23.

LANFRANC (le chevalier GIOVANNI).

N. à Parme 1581, m. à Rome 1647, élève des Carrache. — A étudié le Corrège et travaillé à Rome.

81. *Un sacrifice.* — Dessin d'après un bas-relief antique, sur papie. bleu, à la plume, lavé et rehaussé de blanc.

H. 14, L. 42.

82. *La Trinité couronne la Vierge dans son assomption, au milieu d'un chœur d'anges.* — De forme ovale, à la plume et lavé. — Cab. de B. Nergaard.

H. 30, L. 34.

83. *Tête d'étude,* grandeur naturelle. — Au crayon noir et à l'estompe.

H. 39, L. 27.

BADALOCCIO.

N. à Parme au commencement du dix-septième siècle, élève de Lanfranc.

84. *Repos de la Sainte Famille.* — La Vierge est assise sous un palmier, dont les anges cueillent les fruits, que saint Joseph présente à l'enfant Jésus. Un autre ange fait boire l'âne dans un ruisseau. — Au crayon rouge.

H. 41, L. 26.

85. *Figure de femme représentant l'Etude,* pour une décoration d'architecture. — A la plume, lavé et rehaussé de blanc.

H. 20, L. 27.

BRANDI (HYACINTHE).

N. 1623, m. 1691, élève de Lanfranc.

86. *Un sacrifice antique.* — Six figures. — Sur papier bleu. Au crayon noir, rehaussé de blanc. — C. Langliès.

H. 33, L. 40.

87. *Esquisse* rapide, à la plume et lavée. — C. Langliès.

H. 20, L. 28.

SACCHI (ANDREA).

N. à Rome 1594, m. 1661, élève de son père B. Sacchi et de l'Albane.

88. *Retour de l'Enfant prodigue.* — Le père relève son fils qui se prosterne à ses genoux. Cinq figures. — A la plume et lavé.

H. 33, L. 45.

89. *Académie avec draperies et fond.* — Au crayon rouge, rehaussé de blanc.

H. 35, L. 28.

LAURI (FILIPPO).

N. à Rome 1623, m. 1694, fils de Baldassare Lauri, d'Anvers; élève du Sacchi.

90. *Apollon et Marsyas.* — A l'encre et à la sépia; dessin préparé pour un tableau, avec l'indication de la couleur des draperies.

H. 15, L. 25.

91. *Deux satyres et deux enfants.* — Groupe au crayon rouge.

H. 16, L. 21.

GARZI (LOUIS).

N. 1610, m. à Rome 1721, élève de son oncle Boccali et du Sacchi.

92. *Trois têtes d'ange; et sur le verso, un berger jouant de la flûte.* — Au crayon rouge.

H. 23, L. 35.

93. *Un évêque enlevé au ciel par les anges.* — A la plume, lavé de bistre et rehaussé de blanc.

H. 29, L. 20.

BERNIN (GIOVANNI LORENZO le chevalier); architecte, peintre et sculpteur.

N. à Naples 1598, m. à Rome 1680, élève de son père.

94. *Modèle d'un tabernacle projeté pour la chapelle du Saint-Sacrement, au Vatican.* — Quatre anges agenouillés supportent un petit dôme qui couronne une colonnade. Ce dessin, exécuté en 1641, porte l'inscription suivante : *Ciborium excogitatum pro sacello S. Sacramenti in æde Vaticanâ.* — Il est à l'encre et chaudement lavé au bistre. Il porte l'échelle de l'exécution. — Cat. Mariette, n° 203. Cat. Tersan, n° 495.

H. 37, L. 25.

95. *Saint Jean prêchant au désert.* — Il est entouré d'hommes, de femmes et d'enfants. — Au crayon rouge.

H. 27, L. 20.

96. *Projet de décorations sculpturales pour un autel.* — A droite, l'Espérance, les yeux tournés vers le ciel; à gauche, la Charité, serrant des enfants entre ses bras; au milieu, le buste d'un saint est encadré dans un médaillon. — A l'encre et lavé.

H. 25, L. 28.

97. * *Un lion rugissant.* — Magnifique étude dans le grand style de Michel-Ange. Sur papier bleu, au crayon, à l'estompe, et rehaussé de blanc.

H. 33, L. 48.

GAULI (GIOVANNI BATTISTA), dit le BACHICHE.

N. à Gênes 1639, m. 1709, élève du Bernin. — On le range quelquefois dans l'école génoise, à cause du lieu de sa naissance et de la fougue de sa manière, qui se rapproche, en effet, du Cambiaso et aussi du Calabreso.

98. *Un martyre.* — Quatre figures d'un dessin énergique. — A l'encre et lavé.

H. 41, L. 35.

99. *Assomption.* — La Vierge, portée par les anges, monte vers le Père éternel ; double groupe dans l'air, au-dessus d'un paysage, légèrement indiqué. — A la plume et lavé.

H. 40, L. 25.

CORTONE (PIETRO BERETTINI DA).

N. à Cortone 1596, m. à Rome 1669, élève du Commodi et du Ciarpi.

100. *Débarquement d'Hélène à Troie.* — Hélène sort d'un navire magnifiquement décoré et s'avance au milieu de la foule. On voit, dans le fond, les édifices de la ville. — A la plume, avec des hachures vigoureuses.

H. 23, L. 42.

101. *Un sacrifice à Neptune, en présence du peuple et de l'armée.* — Près de l'autel antique, le prêtre et le guerrier qui implorent le dieu. Des esclaves amènent des animaux destinés au sacrifice. A droite, la foule ; à gauche, les soldats.—A la plume, au crayon rouge et lavé.

H. 40, L. 55.

102. *L'Enlèvement des Sabines.*—Sur papier bleu, à la plume, lavé et rehaussé de blanc.

H. 25, L. 21.

103. *Un empereur romain à cheval.*—Au crayon, lavé et vivement rehaussé de blanc.

H. 25, L. 22.

ROMANELLI (GIANFRANCESCO).

N. à Viterbe 1617, m. 1662, élève du Cortone et du Dominiquin.

104. *Vénus et Mars pris dans les filets de Vulcain, en présence de tous les dieux.* — Composition de quinze figures, très-terminées.—Au crayon noir et blanc, sur papier lavé.

H. 43, L. 60.

105. *Arion et les dauphins.* — A l'encre et lavé.

H. 26, L. 18.

CIRO FERRI.

N. à Rome 1634, m. 1689, élève du Cortone.

106. *Saint Thomas de Villeneuve faisant l'aumône.* — Sept figures. — Au crayon rouge, très-terminé.

H. 40, L. 26.

107. *Armide et Renaud.* — Au second plan, on voit le palais d'Armide. — A la plume et lavé.

H. 24, L. 35.

108. *La Femme adultère.*— Nombreuses figures. — A la plume et lavé.

н. 25, L. 30.

109. *Le Tibre.*—Grande figure de fleuve, avec la louve romaine, Romulus et Rémus, et trois autres figures. — A la plume et lavé.

H. 20, L. 42.

NASINI (GIOSEFFO).

N. à Sienne 1661, m. 1736, élève de Ciro Ferri.

110. *Un triomphe.* — Un homme et une femme sont montés sur un char antique, traîné par deux chevaux. Un aigle tient une couronne au-dessus de la tête des deux personnages. On aperçoit une ville au second plan. — A la plume et lavé.

н. 26, L. 38.

111. *Composition allégorique.* — Un personnage, qui paraît être le Christ, accompagné des saintes femmes, tient un oiseau sur le poignet. Près de lui, un guerrier bande son arc. Dans le fond, architecture romaine. —Au crayon rouge.

н. 26, L. 21.

CERQUOZZI, dit MICHEL-ANGE DES BATAILLES, ou MICHEL-ANGE DES BAMBOCHADES.

N. 1602 ou 1610, m. 1660, élève du Flamand Jacopo. — Succède au Tempeste et à Pietro Laar.

112. *Bataille.* — Au premier plan, deux cavaliers, le sabre à la main, lancent leurs chevaux au galop. — Au crayon et lavé. — C. François Regnauld de Lalande.

н. 10, L. 31.

113. *Des soldats sur une barque.* — Les uns portent le casque, les autres le chapeau à plume ; les uns des armes, les autres des tambours et des instruments de musique. — Au crayon noir, rehaussé de blanc.

н. 25, L. 34.

MARATTE (CARLO).

N. 1625, m. à Rome 1713, élève d'Andrea Sacchi.

114. *Saint Ermite en prières.* — Figure jusqu'au genou. Sur un coin de rocher, on voit une tête de mort, un livre et un chapelet. — Au crayon et vigoureusement lavé.

н. 28. L. 21.

115. * *Tête de saint en extase.* — Grandeur naturelle. —Beau dessin au pastel.

н. 30, L. 23.

116. *Un saint enlevé au ciel par les anges.* — Composition destinée à un plafond. — A la plume, lavé et rehaussé de blanc.

н. 39, L. 28.

117. *Sainte Famille.*—La Vierge et saint Joseph sont en prière. — A l'encre et lavé.

н. 26, L. 23.

RICCIOLINI.
Elève du Maratte.

118. *Adoration des Mages.* — La Vierge présente l'enfant Jésus aux rois agenouillés. Derrière la Vierge, saint Joseph ; des anges dans le ciel ; au premier plan, des serviteurs apportent des vases précieux. — Composition capitale d'une douzaine de figures, à la plume, fortement lavée et rehaussée de blanc, avec la date 1708.
n. 50, l. 38.

SAITER ou **SEITER** (le chevalier DANIEL).
N. à Vienne 1619, m. 1705, élève à Rome de Gian Carlo Loth, de Munich, lequel avait étudié le Caravage.

119. *Martyre de sainte Catherine.* — Au crayon noir, rehaussé de blanc, avec cette inscription au bas : *Per il quadro laterale nella capella di Cibo in Santa Maria del Popolo.* (*Itinéraire de Rome*, tome 1, page 28.)
n. 39, l. 26.

CONCA (SÉBASTIEN).
N. à Gaéte 1676, m. 1751. — De l'école napolitaine vient à l'école de Rome.

120. *Composition mythologique.* — Hercule, femmes et enfants. Dans le fond, des danses et des monuments magnifiques. — Au crayon rouge.
n. 27, l. 39.

BENEFICIALI (MARCO).
N. à Rome 1684, m. 1764, élève de Lamberti, lequel suivait le Cignani

121. *La piscine.* — On apporte les malades pour les tremper dans la piscine. Architecture dans le fond. — Dessin au crayon, sur papier bleu. — C. Tersan.
n. 23, l. 29.

CAMPIGLIA (GIOVANNI DOMENICO).
N. à Lucques 1692.

122. *Mort de Didon sur le bûcher.* — Elle est entourée de ses femmes. — Au crayon noir et à l'estompé.
n. 27, l. 40.

PANNINI (GIOVANNI PAOLO).
N. 1691, m. 1764, élève de Ben. Lutti.

123. *Architecture, ruines, statue d'Hercule et huit personnages.* — Lavis, dessiné à la plume. — G. Langliès.
n. 41, l. 29.

124. *Restauration du tombeau d'Auguste, aujourd'hui château Saint-Ange.* — Dessin à la plume et lavé.
n. 42, l. 28.

LOCATELLI (ANDREA), ou **LUCCATELLI.**
M. 1741.

125. *Paysage avec deux arbres* vigoureusement exécutés au

premier plan. Des ruines dans le fond. Le maniement de la
plume rappelle le Guercino.

H. 35, L. 49.

126. *Autre paysage, avec un grand chemin où l'on voit
quelques cavaliers.* — A la plume et lavé.

H. 26, L. 40.

127. *Autre paysage*, très-finement indiqué. — A la plume.

H. 34, L. 48.

PIRANESI (JEAN-BAPTISTE).

N. à Rome 1707, m. 1778.

128. *Vue de la colonne Trajane à Rome.* — A la plume, au
crayon rouge et lavé. — Cat. Constantin.

H. 22, L. 36.

129. *Deux vues de monuments*, sur la même feuille. — A la
plume, au crayon rouge et lavé.

H. 19, L. 23.

130. *Vue d'une tour, avec une porte et un escalier.* — Trois
figures. — Au crayon rouge.

H. 31, L. 12.

BATTONI (POMPEIO).

N. à Lucques 1708, m. à Rome 1787, élève du Brugieri et du Lom-
bardi. Influence de Raphaël.

131. *Une grande figure d'étude*, vue de dos. — Au crayon et à
l'estompe.

H. 42, L. 24.

MENGS (ANTONIO RAPHAEL).

N. à Aussig 1718, m. 1779, élève de son père; auteur des *Réflexions
sur Raphaël, Titien et Corregio*; ami de Winkelmann.

132. *Tête de femme*, grandeur naturelle, dans le genre du Guide.
— A l'estompe et au crayon noir, sur papier gris.

H. 37, L. 38.

133. *Quatre grandes figures, en pied*, pour des pendentifs. —
Terminées, au crayon rouge.

H. 37, L. 28.

Ecole de Venise.

GIORGIONE.

N. 1478, m. 1511, élève des Bellini.

134. *Deux lutteurs.* — Étude de figures nues, au crayon rouge.

H. 22, L. 26.

135. *Une famille de pêcheurs allant s'embarquer.* — La femme
porte sur son dos un petit enfant dans un berceau, en forme de
hotte; elle donne la main droite à un autre enfant chargé d'un
panier. Dans la main gauche elle tient un aviron. L'homme porte
une pique, une hache et des rets. On aperçoit le vaisseau dans le

lointain. — Superbe dessin à la plume, lavé et rehaussé de blanc à l'huile. Nous le croyons antérieur au Giorgione.

H. 22, L. 32.

PALMA (JACOBO), il Vecchio.
Influence du Giorgione.

136. *La Naissance de la Vierge*, huit figures. — A la plume, lavé et rehaussé de blanc. — Col. Hamal.

H. 27, L. 20.

137. *Étude de femme nue.* — A la plume et au crayon rouge. — C. Regnault de Lalande. — Ce dessin paraît être de Palme le Jeune.

H. 28, L. 20.

138. *Histoire de Tobie*, en plusieurs sujets dans la même composition. — A la plume et lavé.

H. 12, L. 41.

PORDENONE (GIOVANNI ANTONIO LICINO DA).
M. vers 1510, à l'âge de cinquante-six ans. Influence du Giorgione.

139. *Triomphe mystique de Jésus-Christ.* — Jésus est assis sur un char traîné par les quatre animaux symboliques, et guidé par les quatre évangélistes. Il est entouré des docteurs, des saints et des martyrs, portant les instruments de leurs supplices. On remarque la grande figure de saint Pierre, et celle de saint Christophe portant sur ses épaules Jésus enfant. Le fond est rempli d'une procession innombrable de figures. Les anges volent dans le ciel, et la divine Colombe rayonne au-dessus de la tête du Christ. — Dessin sur papier bistré, à la plume et rehaussé de blanc. Il tient plus à l'école de Parme qu'à la manière du Pordenone.

H. 39, L. 52.

140. *L'Enfant prodigue.* — Les serviteurs de son père viennent le chercher. On voit dans le fond les divers épisodes de ses aventures. — A la plume et bistré.

H. 24, L. 21.

SEBASTIEN DEL PIOMBO.
N. 1485, m. 1517. — Ecole des Bellini et du Giorgione. Influence de Michel-Ange.

141. *Grande figure*, dans le style de Michel-Ange. — Au crayon rouge. — Dessin très-terminé.

H. 40, L. 22.

142. *Christ entre deux bourreaux.* — A la plume et lavé.

H. 30, L. 28.

FRANCO (GIOVANNI BATTISTA), dit le SEMOLEI.
N. dans les Etats vénitiens, m. 1561. — A étudié à Rome et à Florence les ouvrages de Michel-Ange. A gravé des planches excellentes. Le catalogue des dessins du Louvre classe le Franco dans l'école romaine. On pourrait, avec plus de raison, le rattacher aux Florentins, dont il suivit le style. Nous avons préféré, avec Vasari et Lanzi, le laisser dans l'école vénitienne.

143. *Conseil entre des guerriers.* — Les chefs, montés sur un

2

piédestal, confèrent entre eux. A leurs pieds, les soldats, portant casque et bouclier, les regardent. — Superbe dessin à la plume.

H. 35, L. 24.

144. *Passage d'un fleuve.* — Des guerriers à cheval s'agitent au milieu de l'eau. Huit figures de guerriers sur le rivage. — Ce dessin, du plus grand style, fait pendant au précédent. Tous deux paraissent exécutés pour la gravure.

H. 35, L. 24.

145. *Repas chez le pharisien.* — Le Christ va au-devant de la Madeleine qui apporte des vases de parfums. La disposition de la table et des figures assises autour est d'une hardiesse extraordinaire. — A la plume, circulaire par le haut. Collection ARD. et Houdri.

H. 28, L. 26.

D'UDINE (JEAN).

N. 1489 ou 1491, m. 1561 ou 1564, élève du Giorgione; collaborateur de Raphaël.

146. *Un éléphant.* — A la plume.

H. 21, L. 21.

TITIEN (TITIANO VECELLI).

N. à Cadore 1477, m. 1576. — Ecole des Bellin.

147. *La fuite en Égypte.* — La Vierge, tenant Jésus dans ses bras, est assise sur un âne conduit par un guide; saint Joseph marche derrière ce groupe. — Esquisse rapide, à la plume, sur papier gris.

H. 20, L. 27.

148. *Paysage.* — Une rivière traverse le paysage. A droite, un bouquet de grands arbres, de l'exécution la plus vigoureuse. De l'autre côté de l'eau, un village. Un homme entraîne un cheval dans la rivière. — A la plume et légèrement bistré.

H. 34, L. 46.

149. *La fête des Amours.* — De petits Amours innombrables jouent au milieu d'un paysage. A gauche, des arbres; à droite, deux femmes et une statue sur un piédestal. — Au crayon rouge.

H. 18, L. 33.

MUTIANO (GIROLAMO).

N. 1528, m. 1590. Influence du Titien. Le catalogue du Louvre le classe dans l'école romaine.

150. *Flagellation du Christ.* — Le Christ, attaché à la colonne, est frappé par trois bourreaux. Sur le côté, trois petites études d'homme. — Au crayon rouge.

H. 24, L. 19.

CAMPAGNOLA (DOMENICO).

Milieu du seizième siècle. Influence du Titien.

151. *Résurrection de Lazare.* — Composition de trente-cinq

figures, avec une belle architecture dans les fonds. — A l'encre, sur papier teinté.

н. 21, L. 36.

152. *Paysage.* — Rochers et troncs d'arbre. — A l'encre.

н. 30, L. 41.

TINTORET (JACOBO ROBUSTI).

N. à Venise vers 1512, m. 1591, élève du Titien. Influence de Michel-Ange.

153. *La Cène.*—Jésus distribue le pain à ses disciples.—Grande composition de seize figures, que le Tintoret a répétée plusieurs fois dans des proportions différentes. — A la plume et lavé.

н. 21, L. 53.

154. *La famille de Niobé.* — Composition d'une vingtaine de figures, attribuée à Palme le Vieux dans la collection Hamal. — A la plume, lavé au bistre et poussé à une grande force de couleur.

н. 27, L. 39.

155. *Les âmes retirées du purgatoire.* — Savant dessin à la plume. Le tableau a été exécuté à Venise.

н. 39, L. 35.

156. *Présentation au temple.* — Dix figures. On remarque, à droite, au premier plan, une grande figure de femme, du plus beau style. — Très-avancé, au crayon rouge et vivement rehaussé de blanc.

н. 23, L. 29.

FIALETTI (ODOARDO).

N. 1653, m. 1638, élève du Tintoret.

157. *Mariage de la Vierge.* — Composition de quinze figures. — A la sanguine, sur fond rouge.

н. 23, L. 33.

BASSANO (JACOBO DA PONTE, dit le).

N. 1510, m. 1592, élève de son père et du Bonifacio.

158. *Adoration des Bergers.* Huit figures. — A la plume et lavé.

н. 23, L. 23.

159. *Baptême d'une sainte.* — Le fond est orné d'édifices d'une belle architecture. — A la plume et lavé.

н. 29, L. 21.

VÉRONÈSE (PAOLO CAGLIARI).

N. à Véronne 1530, m. 1588, élève du Badile et du Carotto.

160. *Préparatifs d'un grand festin.* — Des hommes et des femmes transportent des vases et des plats chargés de mets. A droite et à gauche, entre les colonnes, on aperçoit des buffets magnifiques. Vingt et une figures. Architecture savante. — A la plume, lavé de bistre.

н. 35, L. 42.

161. *Junon.* — Figure pour un plafond. — Sur papier bleu, à la plume, lavé de bistre, rehaussé de blanc.

н. 25, L. 21.

162. *Jésus guérissant les infirmes dans le Temple.* — Vingt-deux figures, architecture et colonnes. — A la plume et lavé. C'est la composition de Raphael.

н. 25, L. 37.

163. *Les pèlerins d'Emmaüs* (N° 1152 du Louvre, avec des changements). — On sait que la grande femme qui tient un enfant entre ses bras est la femme de Paolo. Nous croyons que les trois têtes dessinées au bas de la composition sont seules de la main du Véronèse lui-même, et qu'il faut attribuer le reste à son école. — A la plume et lavé.

н. 30, L. 48.

FARINATO (PAOLO).

N. à Véronne 1532, mort 1606, élève de Nicolo Golfino et de Paul Véronèse.

164. *Les pèlerins d'Emmaüs.* Trois figures. — A la plume et lavé.

н. 29, L. 38.

165. *Persée délivrant Andromède.* — Le sujet principal n'est qu'au second plan. On aperçoit Andromède attachée à un arbre, au delà d'un portique, soutenu par de gracieuses cariatides. Le premier plan est ainsi occupé tout entier par une décoration d'architecture. — Sur papier bleu, à la plume, lavé de bistre et rehaussé de blanc. — C. Mariette.

н. 26, L. 43.

166. *Le Christ descendu de la croix.* — La Vierge, la Madeleine et saint Jean. — A la plume et lavé.

н. 29, L. 33.

167. *Un satyre, deux femmes, quatre enfants, avec fleurs et fruits.* — Décoration d'architecture, à grand effet et d'un modelé extraordinaire. — Sur papier bleu, à la plume, lavé de bistre et rehaussé de blanc. — C. Mariette et Lagoy.

н. 29, L. 43.

RIDOLFO (CLAUDIO).

N. à Véronne 1560, m. 1644, élève de Paul Véronèse.

168. *Mise au tombeau.* — Six grandes figures. Signé C. R. et daté 1630. Ridolfo avait soixante-dix ans. — A la plume et lavé.

н. 42, L. 32.

ALIENZE (ANTONIO VASSILACCHI, dit l').

N. à Milan 1556, m. 1629, élève de Paolo.

169. *Naissance.* — La Vierge et saint Joseph contemplent l'enfant Jésus. Deux anges descendent du ciel au-dessus de la sainte Famille. — A la plume. — Cab. Lagoy.

н. 26, L. 20.

RIDOLFI (CARLO).

N. à Vicence 1602, m. vers 1660, élève de l'Allenze; auteur des *Vies des Peintres vénitiens.*,

170. *L'Assomption de la Vierge.* — A l'encre et lavé.

H. 41, L. 25.

MAGANZA (ALEXANDRE).

N. 1556, m. 1630, élève de Fasolo, lequel était élève de Zelotto et de Paul Véronèse.

171. *Le Christ au Jardin des Oliviers.* — Esquisse rapide à la plume et lavée de bistre. — Mis au carreau pour l'exécution.

H. 23, L. 23.

172. *Composition symbolique.* — A la plume et lavé.

H. 39, L. 27.

PONZONE (MATTEO).

Élève de Santo Peranda, lequel était élève de Palma (fin du seizième siècle).

173. *Figure allégorique* recevant une couronne. — A la plume, lavé de bistre et rehaussé de blanc.

H. 30, L. 19.

CANALETTI (ANTONIO).

N. à Venise 1597, m. 1668, élève de son père.

174. *Deux marines* en temps calme. — Au crayon noir et lavé.

H. 14, L. 10.

TREVISANI (FRANCESCO).

N. 1656, m. 1749, élève d'Antonio Zanchi.

175. *Étude de femme*, les mains jointes. — Au crayon, rehaussé de blanc.

H. 32, L. 12.

176. *Étude de vieillard*, pour un plafond. — Sur papier bleu, au crayon noir, rehaussé de blanc. — C. Hamal.

H. 36, L. 26.

177. *Un exorcisme.* — Dans le ciel apparaît saint Pierre, porté par des anges. — Grande composition à la plume et lavée. — Col. Joubert et Pelletan.

H. 40, L. 20.

RICCI (SEBASTIANO).

N. vers 1660, m. 1734, élève du Cervelli et du Magnasco.

178. *Tentation de saint Antoine.* — Il est entouré d'apparitions monstrueuses. Des femmes nues voltigent dans le ciel. — A la plume et au crayon rouge, lavé d'encre de la Chine.

H. 48, L. 37.

179. *Un martyre.* — Sur le haut d'une tour, le bourreau tranche la tête d'un saint. Au pied de la tour, sont des soldats armés et des hommes à cheval. — A la plume et lavé.

H. 28, L. 18.

FONTEBASSO (FRANCESCO SALVATORE).

N. 1709, m. 1769, élève de Sébastien Ricci.

180. *Saint François tenant un Crucifix.* — A l'encre, au crayon rouge et rehaussé de blanc.

H. 38, L. 26.

PIAZETTA (GIAMBATISTA).
M. en 1754.

181. *Portrait d'homme occupé à écrire, la tête appuyée sur la main gauche.* — Grandeur naturelle. — Au crayon noir, rehaussé de blanc. — Gravé.

H. 31, L. 30.

182. *Deux Pères de l'Église.* — A la plume, sur papier bleu.

H. 23, L. 17.

TIEPOLO (GIAMBATISTA).
N. à Venise vers 1692, m. 1769 ou 1770, élève du Lazzarini, Influence du Piazetta.

183. *Communion de saint Jérôme.* — Grand dessin à la plume, lavé de bistre et rehaussé de blanc. — Cab. de Julien de Parme et de Martini.

H. 56, L. 11.

184. *L'Adoration des Mages.* — Très-coloré. A la plume, au bistre et rehaussé de blanc. Les draperies de la Vierge, d'un blanc très-lumineux, sont en opposition avec les figures c   mages qui se tiennent dans un clair-obscur très-sombre.

H. 51, L. 42.

185. *Un saint évêque en adoration devant la Vierge.* — A la plume, au crayon rouge, lavé de diverses couleurs et rehaussé de blanc.

H. 53, L. 35.

186. *Mise au tombeau.* — A la plume, sur papier jaune.

H. 31, L. 22.

MARINO (ANTONIO), de Padoue.
Commencement du dix-huitième siècle.

187. *Deux paysages.* — Sur papier gris, au crayon noir, rehaussé de blanc.

H. 26, L. 41.

AMIGONI (JACOPO), de Venise.
M. en Espagne 1752; a étudié à Venise et en Flandre.

188. *Loth et ses filles.* — Très-terminé, au crayon rouge.

H. 33, L. 45.

LONGHI (PIETRO).
N. à Venise 1702, élève de Balestra et de Crespi.

189. *Fête à Venise.* — Au crayon rouge.

H. 26, L. 39.

École de Mantoue.

MANTEGNA (ANDRÉ).
N. à Mantoue, m. vers 1517; passe pour un des maîtres du Corrège.

190. *Judith plaçant la tête d'Holopherne dans un sac tenu*

par sa suivante. — La figure de Judith, vue de côté, est de la plus grande tournure. — Ce dessin, à la plume et lavé, a malheureusement beaucoup souffert. — Cab. Langliès.

н. 35, l. 31.

191. *Descente de croix.* — Composition de treize figures, qui rappelle le Calvaire du musée du Louvre, principalement pour la grande figure de soldat à droite et pour les fonds. — A la plume et ombré de hachures.

н. 39, l. 39.

Ecole de Parme.

CORREGIO (ANTONIO ALLEGRI).

N. 1494, m. 1534. Influence du Mantegne.

192. *Martyre de sainte Fulvie.* — Le bourreau enfonce l'épée dans la poitrine de la sainte, dont la tête, tournée vers le ciel, exprime le ravissement. — Précieux dessin, très-avancé, d'une conservation parfaite. C'est un épisode du tableau de *saint Placide et sainte Fulvie.* — A la plume, lavé et rehaussé de blanc. — Analogue au n° 168 des dessins du Louvre. — Gravé dans le Musée impérial par G. Normand, 10e vol., pl. 5. Gravé aussi dans l'œuvre du Corrège.

н. 23, l. 16.

193. *La Vierge et l'enfant Jésus, entourés d'anges et de saints en adoration.* — Première manière du Corrège. — A la plume et lavé.

н. 22, l. 25.

194. *David tenant la tête de Goliath.* — Admirable esquisse de premier jet, au crayon rouge.

н. 25, l. 18.

195. *Une tête d'ange.* — Etude d'un grand caractère, pour un plafond. — Au crayon rouge.

н. 26, l. 26.

PARMIGIANINO (FRANCESCO MAZZUOLI, dit le), ou le PARMESAN.

N. à Parme 1501, m. 1540, élève du Corregio.

196. *Ulysse et Circé.* — Composition d'une grâce exquise et d'une conservation parfaite. — Au crayon, lavé de bistre et de blanc, sur papier bleu. — Cab. Regnault Delalande, et Langliès.

н. 20, l. 20.

197. *La Sainte Famille et saint Jean.* — Sept grandes figures au premier plan. Dans le fond, architecture, personnages et animaux. — A la plume, lavé et rehaussé de blanc.

н. 42, l. 34.

198. *Repos de la Sainte Famille.* — La Vierge est assise sous un arbre. Derrière elle, saint Joseph lui parle. — A la plume et lavé.

н. 32, l. 22.

199. *La Vierge à genoux serre l'enfant Jésus entre ses bras.*
— Charmant dessin sur papier bleu, à la plume et lavé.

н. 31, l. 18.

200. *Sainte Famille.* — Étude à la plume et lavée.

н. 28, l. 22.

SCHIDONE (BARTHOLOMEO).

N. 1615, élève des Carrache, mais sectateur du Corregio.

201. *La Charité.*—Femme entourée de trois enfants qui se pressent contre son sein. — Grisaille sur papier rouge. —Cab. B.

н. 26, l. 20.

SIMONINI (FRANCESCO).

N. à Parme 1669, vivait encore en 1753, élève de Spolverini; imitateur du Borgognone.

202. *Champ de bataille.* — Des officiers font enlever les blessés. — A la plume et lavé.

н. 36, l. 64.

203. *Bataille.* — Une foule de cavaliers près d'une tour. — A la plume et lavé.

н. 31, l. 43.

Ecole de Sienne.

SALIMBENI (ARCHANGELO).

Peut-être élève de Fr. Zuccaro (fin du seizième siècle).

204. *Coriolan.* — Une députation de patriciens vient le trouver dans son camp. A droite et à gauche, des soldats. Dans le fond, les murailles de Rome. — Beau dessin à l'encre et lavé.

н. 20, l. 19.

SALIMBENI (VENTURA), peintre et graveur.

N. 1557, m. 1613, fils d'Archangelo Salimbeni, et frère utérin de Francesco Vanni.

205. *Le pape, entouré de cardinaux, reçoit des religieux qui s'agenouillent au pied de son trône.* — Dans le fond, la ville et les édifices publics.—A l'encre et lavé. Circulaire par le haut.

н. 18, l. 25.

205 bis. *Une prise de voile.* — Onze figures. — A la plume et lavé. Mis au carreau. Circulaire par le haut.

н. 12, l. 19,

VANNI (le chevalier FRANCESCO).

N. à Sienne 1565, m. 1609 ou 1610 ; a étudié à Rome, à Palerme et à Bologne. — Suit particulièrement le Baroccio.

206. *Descente du Saint-Esprit sur les apôtres.*—Composition de quatorze figures. — Sur papier lavé, à la plume et lavé.

н. 24, l. 32.

207. *Les plaisirs de l'hiver.* — Une famille est réunie autour du foyer domestique. Dehors, on abat les arbres. — A la plume et lavé.

н. 28, l. 31.

VANNI (le chevalier RAFFAELLO).

N. 1595, fils et élève de Francesco Vanni; de l'Académie de Saint-
Luc, en 1654. — Suit aussi les Carrache et le Berettini.

208. *Décollation de saint Jean.* — Dans la prison, le bourreau
vient de couper la tête qu'il tient encore de la main gauche, et qu'il
dépose sur le plat présenté par une femme. Derrière le bourreau,
plusieurs figures de soldats. Un ange descend du ciel. — Beau
dessin qui rappelle à la fois le Corrège et le Baroccio. De forme
circulaire par le haut. Sur papier lavé. A la plume, lavé et rehaussé de blanc.

н. 40, L. 23.

Ecole de Milan.

PROCACCINI (CAMILLO).

N. à Bologne 1516, m. 1626, élève d'Ercole Procaccini son père. —
Les dessins suivants peuvent être de Julio. Le second est même
attribué faussement à Ercole le père.

209. *Adoration des bergers.* — Dans l'étable de Bethléem, les
bergers sont agenouillés autour de l'enfant Jésus. A droite de la
Vierge est saint Joseph; à gauche, deux anges qui jouent de divers instruments. On aperçoit dans la campagne des bergers
couchés et des troupeaux de moutons. — A l'encre et lavé.

н. 25, L. 38.

210. *Étude de figure académique.* — Au crayon rouge.

н. 43, L. 29.

MORAZZONE (PIER FRANCESCO MAZZUCHELLI DA).

N. 1571, m. 1626, rival de Procaccini.

211. *Sainte Famille.* — Joseph présente des fruits à la Vierge.
— Quatre figures. — A la plume.

н. 32, L. 25.

NUVOLONE (PANFILO).

N. à Crémone, élève du Trotti; com. du dix-septième siècle.

212. *Mariage mystique de sainte Catherine.* — Quatre figures.
— A la plume et lavé.

н. 20, L. 16.

Ecole de Ferrare.

CARPI (GIROLAMO DA).

N. à Ferrare 1501, m. 1556 ou 1569, élève de Garofolo; a étudié à
Bologne.

213. *Étude* qui paraît être faite d'après un bas-relief antique. —
A la plume et légèrement lavé.

н. 16, L. 39.

214. *Le jugement de Pâris.* — Six figures nues, d'un grand dessin. — A la plume et lavé.

н. 30, L. 50.

DOSSI-DOSSO.

M. 1560; élève du Costa.

215. *L'Adoration des bergers.*—Huit grandes figures. Les bergers sont agenouillés autour de Jésus. Au milieu, la Vierge elle-même est en adoration devant son fils. — A la plume et lavé.

H. 29, L. 40.

Ecole de Crémone.

TROTTI (le chevalier GIOVANNI BATTISTA), dit le MALOSSO.

N. à Crémone 1555; vivait encore en 1607; élève de Bernardino.

216. *Mercure.* — Figure pour un plafond. — A la plume et lavé. — Col. Mariette.

H. 14, L. 15.

MASSAROTTI (ANGELO).

N. à Crémone vers 1655, m. 1723.

217. *Composition en plafond. La Vertu triomphant des Vices.* — Lavé au bistre et rehaussé de blanc.

H. 30, L. 23.

Ecole de Gênes.

CAMBIASO (LUCA), dit le GENOVESE, ou en France le CANGIAGE.

N. 1527, m. à l'Escurial vers 1585; élève de son père Giovanni Cambiasi.

218. *Sainte Famille.* — La Vierge, l'enfant Jésus, saint Joseph et saint Jean. — Ce dessin, à la plume et lavé, provient du cabinet Crozat, et porte cette inscription : *Luca Cambiasi Genovesi, imparò del suo padre Giov., depingiva a due mani, ed era tanto veloce nel partorire li pensieri, che in un giorno fe a penna cento madonne. Nacque il 1527.*

H. 22, L. 19.

219. *Deux guerriers tirant de l'arc, vus de dos.* — A droite, un enfant regarde le but. — Dessin de la plus extrême vigueur, à la plume et lavé. — Cab. Rolland.

H. 31, L. 27.

220. *Sainte Famille.* — La Vierge assise baise l'enfant Jésus. Saint Joseph se retourne et les regarde. — Cintré en haut. — A la plume et lavé.

H. 21, L. 35.

221. *Andromède et Persée qui se précipite sur le monstre marin.* — A la plume et lavé.

H. 20, L. 24.

222. *Grande figure d'étude.* —A la plume.

H. 40, L. 23.

233. *Un martyre.* — La Vierge et les anges descendent du ciel. — A la plume et lavé. Circulaire en haut. — Col. Jean-Pierre Zoomers, avec le timbre (J. P. Z.)

н. 50, l. 30.

CASTIGLIONE (BENEDETTO).
N. à Gênes 1616, m. 1670, élève du Poggi, du Ferrari et de Vandyck.
234. *Le massacre des innocents.* — Esquisse rapide.

н. 25, l. 31.

235. *Diogène cherchant un homme, ne rencontre que des statues, des monstres, des singes, des porcs, des tortues et des hibous.* — A la plume et lavé.

н. 28, l. 39.

226. *Un calvaire.* — La Vierge évanouie au pied de la croix. — Esquisse audacieuse en camaïeu.

н. 13, l. 26.

BISCAINO (BARTOLOMEO).
N. à Gênes 1632, m. 1657, élève de son père et du Castelli; a gravé à l'eau-forte.
237. *Paysage avec architecture, personnages et animaux.* — A la plume.

н. 28, l. 43.

228. *Saint Christophe traversant l'eau.* — Les proportions de la figure paraissent gigantesques. Le saint tient pour bâton le tronc d'un palmier. Le petit Jésus élève dans sa main droite la boule du monde. Un homme, accroupi au bord de l'eau, dessine. Peut-être est-ce le portrait du peintre lui-même. Dans le fond, quelques figurines élégantes et les édifices d'une ville.—Au crayon rouge et d'une magnifique couleur. — Gravé.

н. 13, l. 28.

PIOLA (DOMENICO).
N. à Gênes 1628, m. 1703, élève de Pellegro son père.
229. *Adoration du veau d'or.* — Lavé.

н. 21, l. 29.

230. *La tête de Méduse.* — Quatre figures. — A la plume et lavé.

н. 13, l. 17.

PALMIERI (GIUSEPPE).
N. à Gênes 1674, m. 1740.
231. *Deux paysages avec figures et animaux.* — A la plume et lavé.

н. 32, l. 46.

232. *Deux grands paysages, avec des monuments et des ruines.* — A la plume.

н. 32, l. 61.

Ecole de Naples.

LIGORIO (PIETRO).
N. vers 1580; a travaillé à Rome.

233. *Composition allégorique.* — La Guerre, sortant du tombeau, s'élance sur la terre. A gauche, les populations s'enfuient effrayées. A droite, une armée d'hommes à cheval manifeste son enthousiasme. — Daté de 1561. — A la plume et lavé. — Extrêmement rare.

H. 39, L. 48.

CARACCIOLO (GIOVANNI BATTISTA).
N. à Naples, m. 1641. Influence du Caravagio.

234. *Etudes de bras et de mains.* — A la plume; attribué quelquefois au Bandinelli.

H. 22, L. 31.

VACCARO (ANDREA).
N. à Naples 1598, m. 1670. Influence du Caravagio et du Guide.

235. *Sainte Famille.* — La Vierge tenant Jésus, et saint Joseph sont assis sous un grand arbre. — Vigoureux dessin à la plume et lavé. Au verso, deux études de torse.

H. 37, L. 25.

CALABRESO (MATTEA PRETI, dit IL).
N. 1613, m. 1699, élève de Lanfranc et du Guerchin.

236. *Grande figure d'étude.* — Au fusin.

H. 39, L. 20.

SALVATOR ROSA.
N. près de Naples 1615, m. à Rome 1675, élève de Ribera et autres.

237. *Etudes de figures nues pour un combat.* — Un homme, armé de l'épée et du bouclier, tient sous son pied son ennemi renversé. Quelques figures de combattants dans le fond. — Energique dessin à la plume.

H. 22, L. 19.

238. *Une tour, sur le haut de laquelle une foule de combattants.* — Lavis de la plus belle couleur.

H. 20, L. 21.

239. *Paysage.* — Des guerriers sur le bord d'un fleuve. Le paysage est légèrement indiqué dans le fond. — A la plume et lavé.

H. 20, L. 33.

240. *Un martyre* [attribué à Salvator]. — Un homme nu est pendu par les mains à un tronc d'arbre. Cinq soldats, armés de piques, veillent au bas de l'arbre. — Sur papier gris, à la plume, lavé et rehaussé de blanc. Pourrait être du Calabreso. (Voir le n° 73 des dessins du Louvre.)

H. 49, L. 30.

GIORDANO (LUCA FA PRESTO).

N. à Naples 1632, m. 1705, élève de Ribera.

241. *Lucrèce.* — Deux figures. — Camaïeu d'une belle couleur.

н. 36, l. 21.

242. *Les vendeurs chassés du temple.* — Esquisse fougueuse, à la plume et lavée. — Cab. Peyron et ARD.

н. 28, l. 43.

243. *Composition mythologique.* L'Olympe. La Justice, montée sur un lion, symbole de la force, descend du ciel, après avoir reçu les conseils de Mercure. — A la plume et lavé.

н. 20, l. 10.

244. *L'Enlèvement des Sabines.* — Faussement attribué à Jacques Jordaens, et vendu comme tel. Ce dessin, qui est gravé sous le nom de Giordano, porte au dos : « n° 95. *L'Enlèvement des « Sabines,* composition capitale et pleine d'action, à la pierre « noire, lavée d'encre de la Chine, sur papier grisâtre, par le « même, par Jordaens. » — Rehaussé de blanc.

н. 44, l. 60.

245. *Etude de triton soufflant dans une conque marine.* — A la plume et lavé.

н. 28, l. 19.

MATTEIS (PAOLO DE).

N. à Naples 1662, m. 1728, élève de Giordano.

246. *Grande étude académique.* — A la plume.

н. 38, l. 28.

SOLIMENE (FRANCESCO).

N. 1657, m. à Naples 1747, élève de son père. Influence du Cortone et du Maratte.

247. *Flagellation du Christ.* — Huit figures. Composition de forme circulaire, destinée à un plafond. — A la plume et lavé de bleu. — Cab. Langliès.

d. 36.

248. *Un camp.* — Nombreuses figures de guerriers : dans le fond, les tentes au milieu du paysage. — Au crayon noir.

н. 36, l. 31.

249. *Figure allégorique de la Guerre.* — Dessin pour plafond, au crayon noir. — Cab. Mariette.

н. 21, l. 28.

Ecole de Bologne.

PRIMATICE (FRANCESCO), connu aussi en France sous le nom de L'ABBÉ DE SAINT-MARTIN.

N. à Bologne 1490, m. à Paris 1570, élève d'Innocenzio da Imola et de Bagna cavallo. — Attiré en France en 1531 par François Ier; employé ensuite par Henri II et Charles IX. Un des chefs de l'école de Fontainebleau, où il forma de nombreux élèves.

250. *Figure allégorique.* — Femme couchée, tenant une bride de

la main gauche. Trois enfants jouent autour d'elle avec une urne pleine d'eau. — Dessin de grand style, à la plume, lavé et rehaussé de blanc.

H. 27, L. 43.

251. *L'Olympe.* — Les dieux sont réunis autour de Jupiter. —A la plume, lavé et rehaussé de blanc.—Il paraît que c'est le nº 626 du cabinet Mariette.

H. 27, L. 39.

252. *Un évangéliste.*—Figure à mi-corps, pour plafond. — A la plume et lavé.

H. 23, L. 20.

SABADINI (LORENZO).
N. à Bologne, m. 1577.

253. *Projet de décoration pour le trône du pape.*—Deux anges apportent les insignes de la papauté, le globe du monde et la tiare. — A la plume et lavé. Mis au carreau pour l'exécution.

H. 26, L. 36.

PELLEGRINO TIBALDI.
N. à Bologne 1527, m. 1591; a travaillé en Espagne. Influence de Michel-Ange.

254. *Le Christ foulant la mort à ses pieds,* avec cette inscription : *In Christo omnes vivificabuntur.*—A la plume et lavé.

H. 27, L. 17.

255. *Grande figure pour une niche.* — A la plume, lavé et rehaussé de blanc.

H. 35, L. 23.

FONTANA (PROSPERO).
N. à Bologne 1512, m. 1597, élève de Perino del Vaga, et maître des Carrache.

256. *Saint Luc tenant l'Évangile, entre saint Ambroise et saint Paul.* — A la plume et lavé de bistre sur papier bistré.

H. 28, L. 28.

TIARINI (ALESSANDRO).
N. à Bologne 1577, m. 1668, élève du Fontana.

257. *Figure de femme portant la main à ses cheveux.* — Au crayon rouge.

H. 37, L. 27.

CARRACHE (LOUIS).
N. à Bologne 1555, m. 1618, élève de Prospero Fontana.

258. *Jésus au Jardin des Oliviers.*—Il est soutenu par un ange. — A l'estompe.

H. 28, L. 20.

259. *Une étude d'arbre, avec fond de paysage.* — Ce dessin, à la plume, porte au dos la signature de Mariette.

H. 20, L. 23.

CARRACHE (AUGUSTIN).

N. à Bologne 1557, m. à Parme 1602, élève de Prospero Fontana et de Tibaldi pour la peinture ; de Corneille Cort et de Passarotti pour la gravure.

260. *Diane et ses nymphes, au bain, surprises par Actéon.* — A la plume et lavé de bistre. — Cab. Langliès.

H. 28, L. 43.

261. *Paysage.* — Deux figures de bergers, assis au premier plan. Superbe étude de tronc d'arbre. A gauche et dans le fond, des rochers. — Ce dessin, à la plume et lavé de bistre, paraît avoir été fait pour la gravure. Il porte l'inscription : *Ag. Car. fe. 1590.*

H. 36, L. 48.

CARRACHE (ANNIBAL).

N. à Bologne 1560, m. à Rome 1609, élève de Louis Carrache, son cousin.

262. *Grand paysage, avec une magnifique étude d'arbre au premier plan, et trois figures, le Christ et les disciples d'Emmaüs.* — A la plume.

H. 43, L. 54.

263. *Madeleine pénitente.* — Elle est agenouillée dans sa grotte. Deux petits anges descendent du ciel. — Dessin de la plus belle couleur, au crayon rouge.

H. 22, L. 17.

264. *Une femme assise, et deux études de tête dans le fond.* — Au crayon rouge. — Cab. Rolland.

H. 24, L. 22.

265. *Étude de paysage,* d'après nature. — Tronc d'arbre et rochers. — A la plume, d'une grande énergie.

H. 30, L. 41.

266. *La pêche.* — Un homme, coiffé d'un chapeau à grands bords, est assis dans un bateau et tient en main une ligne. — A la plume.

H. 25, L. 42.

267. *La Femme adultère.* — Dix figures principales. — Esquisse rapide, à la plume.

H. 21, L. 26.

268. *Martyre de saint Étienne.* — Six figures. — A la plume et lavé de bistre. — Cab. Crozat, Nourri et Julien de Parme.

H. 40, L. 42.

CARRACHE (ANTOINE).

N. à Venise, 1583, m. 1618; fils naturel d'Augustin; élève d'Annibal.

269. *Cinq moines en adoration devant la Vierge et Jésus qui apparaissent dans le ciel.* — A la plume et lavé. Très-rare. Rapporté d'Italie par Peyron.

H. 27, L. 20.

BRIZIO (FRANCESCO).

N. à Bologne vers 1564, m. 1613, élève des Carrache.

270. *Deux officiers des gardes d'Isboseth lui coupent la tête pour la porter à David.* — Dessin lavé de bistre et de blanc, sur papier brun qui sert de fond.

H. 25, L. 38.

GUIDO RENI.

N. à Bologne 1575, m. 1612, élève de Calvart et des Carrache.

271. *Martyre de saint Pierre.* — Magnifique composition de sept grandes figures. — Au crayon rouge, lavé de rouge et de blanc.

H. 49, L. 39.

272. *Tête d'homme,* vue en raccourci, de grandeur naturelle. — A l'estompe et aux trois crayons. Paraît être le n° 643 de Mariette.

H. 32, L. 27.

273. *Tête de femme,* vue de profil. — Esquisse légère, au crayon rouge.

H. 33, L. 25.

274. *La Charité.* Une femme et deux enfants, dans un médaillon. — Charmant dessin, à la plume, sur papier teinté. — Cab. Mariette, Sylvestre et Raymond.

H. 12, L. 10.

CANUTI (DOMENICO MARIA).

N. à Bologne vers 1620, m. 1684, élève du Guide.

275. *Jupiter tonnant.* — Figure vue en raccourci, pour plafond. — A la plume et lavé. — Cab. Lempereur.

H. 28, L. 37.

BURRINI (JEAN-ANTOINE).

N. à Bologne 1656 ou 1660, m. 1727, élève de Canuti.

276. *Portrait d'homme* grandeur naturelle. — Au crayon rouge. — C. Mariette, n° 239.

H. 40, L. 39.

277. *Un évêque.* — Au crayon rouge.

H. 38, L. 26.

CANTARINI (SIMON), dit le PESARÈZE.

N. 1618, m. 1648, élève du Guide.

278. *Bergers et bergères.* — Six figures. — A la plume, lavé et rehaussé de blanc. Mis au carreau.

H. 25, L. 34.

279. *Étude de femmes.* — Au crayon rouge.

H. 28, L. 21.

CRETI (DONATO).

N. à Crémone 1671, m. à Bologne 1749, élève de Pasinelli et sectateur du Cantarini.

280. *Diverses études.* — A la plume.

H. 25, L. 33.

281. *Études d'enfants.* — A la plume.

H. 27, L. 21.

GRAZIANI (ERCOLE).

N. 1688, m. 1765, élève de Donato Creti.

282. *Paysage avec deux figures.* — Belle étude d'arbres à la plume, et qui paraît faite pour la gravure.

H. 27, L. 21.

DOMINIQUIN (DOMENICO ZAMPIERI, dit le).

N. à Bologne 1581, m. à Naples 1641, élève des Carrache.

283. *Jugement de sainte Cécile.* — Dessin pour l'un des tableaux exécutés à Saint-Louis-des-Français à Rome. — Le magistrat romain, sur son siége, montre à sainte Cécile la statue de Jupiter. A gauche, on amène des béliers et des taureaux destinés au sacrifice du dieu païen. Six figures. — Magnifique dessin, très-terminé, au crayon rouge, sur papier bleuté. — Gravé.

H. 23, L. 38.

284. *Martyre de saint Barthélemy.* — Le saint, attaché à un pieu, est écorché par deux bourreaux. A droite et à gauche, des soldats. Des anges descendent du ciel avec des palmes et des couronnes. — Au crayon rouge. — Cab. Constantin.

H. 15, L. 27.

285. *Martyre de saint Pierre.* — Grande composition avec de nombreuses figures. — A la plume, lavé de bistre et rehaussé de blanc.

H. 58, L. 35.

286. *Paysage en hauteur,* avec un homme monté sur un mulet, au premier plan. C'est exactement la même figure qu'on voit dans le dessin n° 202 du Louvre. A droite, magnifique étude d'arbres. — Au crayon noir. — Cab. PH.

H. 34, L. 23.

287. *Paysage.* Un village au bord d'une petite rivière. Montagnes dans le fond. A gauche, au premier plan, un homme conduisant un mulet. — A la plume.

H. 24, L. 43.

BARBA LONGA (ANTONIO), de Messine.

N. 1600, m. 1649, élève du Dominiquin.

288. *Adoration des bergers.* — Un berger, agenouillé au premier plan, baise les pieds de Jésus; un autre présente une corbeille de fruits. Derrière la Vierge, une femme porte sur sa tête un panier avec des poulets. — A la plume et lavé.

H. 24, L. 16.

BOLOGNESE (GIOVANNI FRANCESCO GRIMALDI, surnommé le).

N. à Bologne 1606, m. à Rome 1680, élève des Carrache.

289. *Paysage* au recto et au verso. — A la plume. — Cab. Rolland.

H. 22, L. 32.

290. *Paysage.* — A la plume et lavé. — Cab. Langliés.

H. 22, L. 40.

291. *Paysage.* — A droite et à gauche, de grands arbres. — Au crayon, sur papier gris.

H. 28, L. 42.

GUERCHIN (GIOVANNI FRANCESCO BARBIERI, dit le).
N. 1590, m. à Bologne 1666, élève d'Annibal Carrache et du Caravagio.

292. *Sainte Famille.* — Six figures. — Esquisse rapide, à la plume.

H. 29, L. 20.

293. *Sainte Cécile.* — La sainte, vue presque de face, a les deux mains sur l'orgue. — Superbe dessin au crayon rouge.

H. 21, L. 26.

294. *Enfant endormi.* — La mère lui apporte à manger. — Au crayon rouge.

H. 19, L. 23.

295. *La Charité romaine.* — Une jeune femme offre le sein à son père prisonnier. — Lavé d'encre de Chine et de rouge, sur papier bleu qui sert de fond.

H. 28, L. 24.

GENNARI (BENEDETTO).
N. à Bologne 1633, mort à Rome 1716, neveu et élève du Guercino; premier peintre de Charles II, roi d'Angleterre.

296. *Un char triomphal* traîné par quatre bœufs, au milieu de chevaliers. — A la plume et lavé.

H. 24, L. 34.

GHEZZI (SEBASTIANO).
Elève du Guerchin (milieu du dix-septième siècle).

297. *Une marche de soldats, trompettes et tambours en tête.* — Composition circulaire pour plafond. — A la plume et lavé.

H. 17, L. 53.

SAVOLINI (CRISTOFORO).
Vivait en 1678. — Ecole du Guerchin.

298. *La Visitation.* — Quatre figures. — A la plume et au bistre.

H. 31, L. 41.

STRINGA (FRANCESCO).
N. à Modène 1635 ou 1638, m. 1709, élève de Lana ou du Guerchin.

299. *Vénus et l'Amour.* — De forme ronde, à la plume et au bistre. — C. Mariette, n° 729.

D. 22.

ALBANE (FRANCESCO).
N. à Bologne 1578, m. 1660, élève de Calvart et des Carrache.

300. *Saint-Esprit dans les nuages, avec quatorze petits anges.* — A la plume et lavé.

H. 25, L. 42.

MOLA (PIETRO FRANCESCO).
N. 1621, m. 1666, élève du Josepin, de l'Albane et du Guerchin.

301. *Un ange apparaît à un solitaire.* — A la plume, lavé et rehaussé de blanc.

н. 31, L. 21.

302. *Prédication de saint Jean au désert.* — Esquisse rapide, à la plume et lavée.

н. 25, L. 21.

303. *Paysage avec une Sainte Famille au repos et un ange.* — A la plume.

н. 26, L. 37.

CIGNANI (CARLO).

N. à Bologne 1628, m. 1719, élève de l'Albane.

304. *La Nuit.* — Composition allégorique. Une femme nue, tenant en main un pâle flambeau, est assise sur un char précédé de hiboux. Dans le fond du char, une femme, la tête appuyée sur le coude, représente le Sommeil. — Lavé de bistre et rehaussé de blanc sur papier bleu.

н. 29, L. 22.

305. *Vénus, l'Amour et Pallas.* — Allégorie. Cupidon, les yeux bandés, presse le sein de Vénus, Pallas le prend par les ailes et veut lui montrer un génie qui porte une couronne. — Beau dessin, très-avancé, au crayon rouge.

н. 38, L. 28.

306. *Suzanne au bain.* — Au crayon rouge.

н. 29, L. 26.

307. *Un saint ermite en extase sur la croix.* — Les draperies au crayon noir; la tête, les mains et les pieds au crayon rouge; rehaussé de blanc.

н. 37, L. 39.

308. *La Naissance.* — La Vierge a la main sur le berceau de Jésus, autour duquel trois anges jouent de divers instruments. A gauche, saint Joseph est occupé à lire. — Au crayon rouge.

н. 22, L. 30.

CRESPI (MARIA).

N. à Bologne 1665, m. 1747, élève de Canuti, du Cignani, etc.

309. *Quatre moines en prières au milieu d'un site sauvage.* — A la plume et lavé de bistre.

н. 38, L. 25.

COLONNA (ANGIOL MICHELE).

N. 1600, m. à Bologne 1681, collaborateur du Dentone.

310. *Le pape* entouré de ses cardinaux, reçoit un empereur qui s'incline à ses pieds. — Au crayon rouge.

н. 25, L. 20.

BIBIENA (FERDINAND),

N. à Bologne 1657, m. 1745, élève de son père.

311. *Vue de monuments.* Admirable de lumière et de couleur. — A la plume et lavé.

н. 25, L. 39.

312. *Vue de monuments.* — Au crayon noir.
        H. 33, L. 37.
313. *Vue intérieure d'un palais avec des colonnes et un dôme.* — Au crayon noir, sur papier bleu.
        H. 28, L. 24.
314. *Vue intérieure d'un monument, avec des colonnes innombrables et quelques figures.* — A la plume et lavé.
        H. 28, L. 28.
315. *Un tombeau et divers édifices.* — A la plume et lavé.
        H. 20, L. 33.

MILANI (AURELIANO).
    N. 1675, m. 1749, élève de Cesare Gennari et de Pasinelli.
316. *Un martyre.* — Au crayon, sur papier bleu.
        H. 35, L. 25.
317. *Une naissance dans une prison.* — Neuf figures. — A la plume et lavé.
        H. 26, L. 22.

CITADINI (GAETANO).
    Fils de Carlo, m. 1747, lequel était fils de Pier Francesco, m. 1681. — (Dix-huitième siècle.)
318. *Etude d'arbres.* — A la plume.
        H. 32, L. 23.

ÉCOLE ESPAGNOLE.

RIBERA (JUSEPE), dit L'ESPAGNOLET.
    N. 1588, m. 1656, élève de Ribalta en Espagne, et du Caravagio en Italie.
319. * *Saint Jérôme dans le désert.* — Grande figure nue et debout. — Au crayon rouge, d'une magnifique couleur.
        H. 26, L. 19.

MURILLO (BARTOLOME ESTEBAN).
    N. à Séville 1618, m. 1682, élève de Castillo.
320. *Annonciation.* — La Vierge est à genoux devant un prie-dieu. L'ange Gabriel, tenant un lis dans la main, descend du ciel au milieu d'un groupe d'anges. Au premier plan est un vase avec des lis. — Composition analogue à celle de la galerie Aguado. — A l'encre et lavé.
        H. 33, L. 24.
321. *Sainte tenant une palme. Un mouton est couché à ses pieds.* — A l'encre, lavé de bleu.
        H. 23, L. 17.
322. * *Quatre moines en adoration devant la Vierge rayonnant dans le ciel au milieu d'un chœur d'anges.* — Lavé de rouge et rehaussé de blanc.
        H. 25, L. 17.

ÉCOLE ALLEMANDE.

VOLGEMUTH (MICHEL).
Maître d'Albert Durer.

323. *La Douleur.* — Grande figure symbolique. Une femme est assise sur des gradins brisés. Tout est brisé autour d'elle : ses livres, son encrier, des cruches cassées gisent à ses pieds. Dans le fond, à gauche, une ville en ruines ; à droite, des vaisseaux qui font naufrage. Au premier plan, à gauche, un rouet brisé et une barrique percée qui laisse couler le vin ; à droite, des animaux couchés, qui poussent des hurlements vers le ciel. La femme a la tête appuyée sur la main droite, et de la main gauche elle tient un serpent par la queue. Son corsage est déchiré, et les plis cassés de la draperie rappellent la pure école allemande qui précéda la Renaissance. — A la plume et lavé de bistre.

H. 40, L. 35.

DURER (ALBERT).
N. à Nuremberg 1470 , m. 1528, élève de Hupse Martin et de Volgemuth.

324. **La Méditation.* — Un vieillard à longue barbe, assis dans un fauteuil sculpté, médite sur la fin des choses. Sa tête pensive repose sur sa main gauche, tandis qu'il tient une tête de mort entre sa main droite et ses genoux. Ses deux pieds sont appuyés sur le globe de la terre. A sa droite est un coffre fermé, au-dessous d'une croisée ouverte qui laisse entrevoir un beau paysage et la perspective d'une ville avec des monuments magnifiques. A gauche, une sorte d'autel enrichi de bas-reliefs. Sur l'autel, un Christ en croix, un livre et un sablier. Sur le lambris, cette inscription significative : *FINIS.* — Cet incomparable dessin à la plume, très-terminé, et faisant l'effet d'une gravure, paraît être le pendant de la *Mélancolie,* quoiqu'il soit deux fois plus grand de proportion. — C. Regnault Delalande.

H. 36, L. 27.

325. *Un tombeau.* — Sept anges ailés sont réunis autour de a pierre tumulaire. Dans le fond sont plusieurs caprices isolés l'un de l'autre. A droite et à gauche, une douzaine de figures en adoration ; au milieu, des démons et plusieurs figures fantastiques ; au sommet, un petit calvaire. — A la plume, et portant la signature consacrée d'Albert Durer, le D au milieu d'un A.

H. 30, L. 23.

326. *Préparatifs de la Passion.* — Le Christ entre quatre bourreaux qui l'insultent et lui mettent la couronne d'épines. — A la plume. — Quelques connaisseurs attribuent ce dessin à l'un des maîtres allemands antérieurs à Albert Durer, par exemple à Martin Schoen.

H. 38, L. 20.

HOLBEIN (JEAN).
N. à Bâle 1498, m. à Londres 1554, élève de son père.
327. *Composition allégorique.* — Les principales passions sont réunies dans une barque conduite par un rameur. Le Jeu tient des cartes dans la main droite, des dés dans la main gauche. La Gourmandise porte comme un sceptre une broche où sont enfilés des oiseaux plumés et bardés. L'Ivrognerie tient une coupe et un flacon. La Coquetterie tient un miroir, et la Luxure la caresse ; ce groupe rappelle la belle maîtresse du Titien. L'Avarice serre un sac d'argent et l'Envie une torche. — Cette précieuse composition, gravée dans l'*Éloge de la Folie*, est légèrement dessinée au bistre.
H. 16, L. 32.

ROTHENHAMER (JEAN).
N. à Munich 1564 ou 1566, m. à Augsbourg 1601 ; a étudié à Venise.
328. *Les Lesbiennes se précipitent du rocher de Leucade dans la mer pour se guérir de l'amour. Elles sont reçues par les néréides et les tritons qui les conduisent devant Neptune et Amphitrite.* — A la plume et lavé de bistre.
H. 22, L. 41.
329. *Toilette de Diane.* — A la plume, au crayon et lavé. — Acheté à Florence en 1812.
H. 20, L. 31.
330. *La récolte.* — Deux femmes au milieu d'un riche paysage. Arbres et plantes chargés de fruits et de fleurs. — Fragment à la plume et lavé de laque.
H. 48, L. 31.

ELSHEIMER (ADAM).
N. à Francfort-sur-le-Mein 1574, m. à Rome 1620, élève de Philippe Offenbach.
331. *Sainte Famille.* Jésus et saint Jean jouent avec des fleurs apportées par les anges. — Mis au carreau pour la gravure. — A la plume.
H. 27, L. 23.
332. *Plusieurs personnages à côté d'une maison.* — Croquis à la plume dans le genre de Rembrandt.
H. 21, L. 25.

SANDRARDT (JOACHIM).
N. à Francfort-sur-le-Mein 1606, élève de Gérard Honthorst à Utrecht.
333. *Diane poursuivie par Actéon.* — A la plume et lavé.
H. 22, L. 25.

MEYER (FÉLIX).
N. à Winterthur 1653, m. 1713, élève d'Ermels.
334. *Paysage.* — Un berger et son chien, un âne, une vache et un mouton. — A la plume et lavé
H. 23, L. 37.

ROOS (PHILIPPE), dit ROSA D'ITALIE, OU ROSA DE TIVOLI.
N. à Francfort 1655, m. à Rome vers 1705.

335. *Deux béliers couchés, un mouton et un agneau.* — Au crayon noir et lavé. — Cab. Mariette.
H. 18, L. 20.

336. *Un cheval, des moutons et un berger, au milieu d'un paysage, sur un fond de ruines.* — Vigoureux dessin au crayon rouge.
H. 32, L. 41.

337. *Sanglier attaqué par des chiens au milieu d'un bois.* Deux chasseurs. — Lavis.
H. 23, L. 30.

338. *Une femme, deux chèvres et trois moutons.* — Ce dessin, au crayon rouge et noir, porte cette signature : *Rosa, f. 1763.*
H. 30, L. 47.

DIETRICK ou DRETRICY.
N. à Veymar 1712, m. à Dresde 1774, élève de son père.

339. *Descente de croix.* — Quinze figures. — A la plume et lavé.
H. 37, L. 30.

340. *Étude d'arbres.* — Au crayon rouge.
H. 33, L. 32.

341. *Paysage.* — Une maison et quelques arbres. Deux bûcherons au premier plan. — Au crayon noir.
H. 25, L. 37.

ÉCOLE FLAMANDE.

BOS (JEROME).
N. à Bois-le-Duc au milieu du quinzième siècle. A beaucoup travaillé en Espagne.

342. *La mort d'un saint.* — Il est entouré de six moines en prières. — A la plume et lavé.
H. 31, L. 34.

MESSYS (QUINTIN), dit le MARÉCHAL D'ANVERS.
N. vers 1450 à Anvers, m. 1529.

343. *La circoncision.* — Dessin circulaire. — A la plume.
D. 22.

344. *Saint Antoine consulté dans sa retraite par quatre hommes.* — Dans le fond du paysage, on voit le même saint Antoine tourmenté par un diable et par plusieurs figures fantastiques. — Circulaire, à la plume.
D. 23.

ORLEY (BERNARD VAN).
N. à Bruxelles vers 1490, élève de Raphaël.

345. *Jésus guérissant un malade.* — Dix-huit figures. — Au crayon noir.
H. 10, L. 31.

KIMPPERT.

Nous avouons n'avoir trouvé aucune indication biographique sur Kimppert, dont le nom cependant nous est connu. Son style a quelque analogie avec celui de Van Orley, et ses *chasses* rappellent souvent Mathieu Bril.

346. *Chasse au cerf. Hommes et femmes, cavaliers et piétons, piqueurs et chiens.* — Sur un beau fond de paysage. — A la plume et lavé, sur papier bleu.

н. 28, l. 43.

347. *Une reine endormie au pied d'une statue.* — Un guerrier est à genoux près d'elle. Au second plan, plusieurs femmes tirent de l'arc. — A la plume et lavé.

н. 40, l. 31.

348. *Chasse au cerf.* — A gauche, des hommes et des femmes à cheval, portant le faucon au poing. Grandes études d'arbres. — A la plume, et lavé de toutes couleurs.

н. 40, l. 52.

COXCIE (MICHEL).

N. à Malines 1497, mort 1592, élève de Van Orley; a étudié à Rome les œuvres de Raphaël.

349. *Sujet de la Bible.* — Onze figures d'une belle expression. — A la plume et lavé.

н. 20, l. 41.

PORBUS (FRANÇOIS) le père, ou POURBUS.

N. à Bruges 1510, m. 1580, élève de son père Pierre Porbus, et de Franc-Flore.

350. *Une armée au milieu d'un palais magnifique.* — Les soldats sont harangués par le roi et par les magistrats. Dans le fond, la ville, et des hommes qui courent aux armes. — A la plume et lavé.

н. 21, l. 28.

351. *Un champ de bataille.* — Des soldats à pied et à cheval, des chariots, des morts et des blessés. Épisodes et figures innombrables. — A la plume et lavé au bistre.

н. 20, l. 31.

352. *Même sujet,* avec une composition différente. — A la plume et lavé à la sépia.

н. 20, l. 31.

VOS (MARTIN DE).

N. à Anvers, m. 1604, élève de son père, de Franc-Flore et du Tintoret.

353. *Sujet mythologique.* — Beau paysage dans le fond et divers épisodes du même sujet. — A la plume, au crayon, et légèrement lavé.

н. 28, l. 31.

354. *David coupe la tête à Goliath.* — Les deux armées sont

en présence. Grande composition avec figures nombreuses. — A la plume. Lavé de laque jaune et de blanc.

н. 23, L. 38.

STRADAN (JEAN), ou STRADANUS.

N. à Bruges 1536, vivait encore en 1604; a travaillé en Italie avec Vasari.

355. *La conversion de saint Paul.* — A la plume et lavé de bistre. — Col. Hamal.

н. 28, L. 42.

SPRANGER (BARTHOLOMÉ).

N. à Anvers 1546; a travaillé en France, en Italie et en Autriche; élève de Madyn.

356. *Prédication de saint Jean.* — Vingt figures, hommes, femmes et enfants. — A la plume, lavé de bistre et de blanc.

н. 34, L. 52.

357. *Neptune reçoit Vénus et l'Amour, sur son char traîné par des dauphins, et entouré de tritons.* — A la plume et lavé.

н. 27, L. 20.

358. *Un Triton et deux Renommées.* — Étude de décoration. — A la plume et lavé.

н. 15, L. 22.

VADDER (LOUIS DE).

N. à Bruxelles (seizième siècle).

359. *Etude d'arbre.* — Au crayon noir, lavé et rehaussé de blanc.

н. 35, L. 26.

360. *Paysage.* — Une maison au bord d'un lac, avec des arbres réfléchis dans l'eau, suivant l'observation de Descamps. — Aux trois crayons. — Col. Hamal.

н. 22, L. 32.

361. *Etude de paysage.* — Au crayon noir.

н. 20, L. 31.

ASPENCK (FRANÇOIS).

N. à Bruxelles (fin du seizième siècle).

362. *Suzanne au bain.* — Composition allégorique. Trois figures. — Sur une pierre du paysage, on lit : *Franciscus Aspenck Bruxellensis fecit, Viennæ, anno 1606.* — A la plume, et lavé de bistre et de bleu.

н. 14, L. 21.

FRANÇOIS (LUCAS).

N. 1574 à Malines, m. 1643, contemporain d'Adam Elshemer; peintre de la cour de France et de la cour d'Espagne.

363. *Sacrifice d'Abraham.* — Au crayon et lavé. — Col. Hamal.

н. 23, L. 32.

363 *bis*. *Le martyre de saint Denis.* — Id.

H. 30, L. 28.

VINCKEMBOOMS (DAVID).

N. à Malines 1578, élève de son père Philippe.

364. *La pêche* — Un homme et une femme sont assis sous un arbre, au bord de l'eau. L'homme tient sa ligne de la main gauche, et de la main droite il fouille dans une boîte. Sur un plan plus reculé, un homme et une femme, debout, pêchent dans la même rivière. Le fond du paysage est d'une belle couleur et d'une large exécution. — Ce dessin à la plume, lavé de bleu et rehaussé de blanc, porte les initiales du nom de l'auteur, et la date 1608. — Col. Regnault de Lalande.

H. 28, L. 23.

365. *Paysage.* — Un grand arbre au premier plan. — Au crayon noir.

H. 25, L. 33.

366. *Mascarade.* — Sur la place de foire d'un village flamand, une foule de personnages avec des masques et des accoutrements bizarres. — Ce dessin, à la plume et lavé, est quelquefois attribué à Callot.

H. 28, L. 32.

BRIL (PAUL).

N. à Anvers 1556, m. à Rome 1626, élève de Wortelmans et de son frère Mathieu Bril.

367. *Vue d'Italie.* — Avec une perspective immense, et figures au crayon, sur le premier plan. — À la plume et lavé. — Col. Hamal.

H. 43, L. 30.

368. *Paysage.* — Un marais sur le bord duquel on voit de grands arbres, et quelques oiseaux; à droite deux chasseurs. — À la plume et lavé.

H. 27, L. 43.

369. * *Paysage*, avec des études d'arbres et des fonds extrêmement fins, lavés de bleu. — À la plume et lavé.

H. 35, L. 48.

SAVERY (JACQUES).

Maître de Roland Savary, m. 1602.

370. *Paysage.* — Une forêt avec un chemin. A gauche, quelques maisons. — À la plume et lavé.

H. 24, L. 20.

371. *Paysage.* — Montagnes à gauche; à droite, une ville sur le bord d'un lac. — À la plume, lavé à la sépia.

H. 25, L. 33.

NIEULANT (GUILLAUME).

N. à Anvers 1584, m. à Amsterdam 1635, élève de Roland Savery et de Paul Bril.

372. *Paysage.* — A droite, des rochers et de grands pins. — Lavis extrêmement fin, sur croquis à la plume.

H. 29, L. 38.

FRANCK (SÉBASTIEN).

N. 1573, présumé frère de François le jeune; élève d'Adam Van Oort.

373. *Une fête dans un jardin.* —Festin, musique, danse, architecture. Nombreux personnages. — A la plume et lavé.

H. 24, L. 36.

374. *Fête sur le bord d'une rivière.* — Plus de cent figures. Maisons et paysage. Dessin d'une finesse exquise, attribué à Adrien Van Velde. — A la plume, et lavé de bistre.

H. 19, L. 35.

FRANCK (FRANÇOIS), le jeune.

N. 1580, m. à Anvers 1642, élève de son père.

375. *Six scènes de la Bible.* —A la plume et lavé.

H. 31, L. 55.

BREUGHEL (PIERRE).

376. *L'adoration des Mages.* — Les rois d'Orient, avec une suite nombreuse, apportent leurs offrandes. L'étable de Bethléem est entourée de plus de cent figures. — A la plume.

H. 31, L. 41.

377. *L'Amour sur un char attelé de licornes, est conduit en triomphe par une foule de femmes.* — A la plume et lavé.

H. 28, L. 20.

BREUGHEL (JEAN), dit DE VELOURS.

N. à Bruxelles vers 1589, m. à Anvers 1642.

378. *Charmant paysage.* — Grand chemin avec plusieurs voitures à quatre chevaux.—A la plume, lavé de bistre et de bleu.

H. 20, L. 30.

379. *Paysage.*—Avec de grands arbres et une rivière. — A la plume, lavé de bistre et de bleu.

H. 20, L. 30.

380. *Vue de la Meuse.* — Plusieurs vaisseaux. — A la plume, lavé de bistre et de bleu.

H. 19, L. 30.

381. *Grand paysage.*—A droite, une église; à gauche, un moulin. — A la plume. —Col. Hamal. — Au dos, esquisse rapide de paysage à la plume.

H. 34, L. 47.

MONPER (JOSSE) ou MONPRE.

Contemporain et collaborateur des Breughel.

382. *Deux grands paysages.* — Au crayon noir, et lavé. —Col. Hamal.

H. 33, L. 43.

383. *Jésus sur la montagne avec Satan.* — On découvre une

immensité de paysage, avec des villes et des châteaux. — A la plume, lavé de bistre et de bleu.

н. 23, l. 39.

RUBENS (PIERRE-PAUL).

N. à Cologne 1577, m. à Anvers 1640, élève d'Otto Venius.

384. *Une femme entre un guerrier et un satyre.* — Figures en pied. La femme tient un gros flacon, le satyre une coupe ; le guerrier passe son bras autour du cou de la femme. Cette composition est de la plus brave exécution de Rubens. — Au crayon noir, rehaussé de blanc. — C. Regnault de Lalande.

н. 34, l. 21.

385. *Tête de femme,* qui paraît un portrait. — Toute la physionomie est souriante, et d'une expression extrêmement fine. — Estompé aux trois crayons.

н. 20, l. 22.

386. *Hercule étouffant le lion de Némée.* — Il serre le cou du lion entre ses deux bras. La tête de l'homme et celle de l'animal ont une expression très-énergique. — Dessin au crayon noir et rouge. — Gravé. — Nous croyons que c'est le n° 819 du catalogue Crozat.

н. 44, l. 36.

387. *Paysage.* — Adorable esquisse à la plume, et légèrement lavée de bistre. — On reconnaît la transparence et la finesse de la couleur de Rubens. Il y a derrière le papier un croquis de bataille. — Col. Hamal.

н. 22, l. 31.

388. Etude de cavaliers et de guerriers précipités. Les hommes sont au crayon rouge, les chevaux au crayon noir. On lit en haut du dessin : *Conversion de saint Paul.* Nous croyons plutôt que ces figures se rapportent à la composition du *Combat des Amazones.* — Ce dessin fougueux paraît avoir été exécuté par Rubens en Italie. On l'a quelquefois attribué au Tintoret.

н. 32, l. 22.

389. *David portant en triomphe la tête de Goliath.* — Il est suivi de cavaliers et de soldats, et précédé de femmes qui jouent de divers instruments. — Attribué à Rubens en Italie. — Au crayon rouge et noir.

н. 22, l. 33.

390. *Etude de Vierge et d'enfant.* — Savante esquisse à la plume, sur papier gris.

н. 42, l. 26.

SNEYDERS (FRANÇOIS).

N. à Anvers 1579, m. 1657, élève de Van Baalen ; collaborateur de Rubens.

391. *Une chasse.* — Deux cerfs attaqués par des chiens. A droite, un chasseur accourt armé d'une pique ; à gauche, l'indication

d'un cavalier. — Ce dessin, d'une extrême légèreté, est quelquefois attribué à Rubens. — Au crayon noir et rouge, lavé de bistre.

H. 22, L. 33.

392. *Etudes.* — Une tête et un pied de chevreuil, une tête de cygne, de grandeur naturelle. — Au crayon noir, lavé de bistre et de rouge.

H. 31, L. 46.

JORDAENS (JACQUES).

N. à Anvers 1594, m. 1678, élève d'Adam Van Oort et de Rubens.

393. *Retour de l'enfant prodigue, agenouillé devant son père.* — A la plume, au crayon rouge, et lavé de bistre.

H. 24, L. 19.

394. *Jésus au milieu des marchands du Temple.* — Ce dessin à la plume, au crayon rouge, et lavé, porte diverses inscriptions flamandes.

H. 29, L. 35.

395. *Jésus et les pélerins d'Emmaüs.* — Au crayon rouge, d'après Rubens. — L'épreuve et la contre-épreuve.

H. 31, L. 37.

395 bis. *Une Reine à table.* — Service splendide. Treize figures, cinq chiens et un singe. A droite, grande figure de guerrier qui rappelle Rubens; à gauche, un nègre; au milieu, la tête du *Fou de Jordaens.* — A la plume et lavé de diverses couleurs.

H. 43, L. 37.

DYCK (ANTOINE VAN).

N. à Anvers 1598 ou 1599, m. à Londres 1641, élève de Rubens.

396. ** La Mère de douleurs.* — Grande Vierge assise, la tête tournée vers le ciel. Les draperies sont d'une couleur magnifique. — Aux crayons noir et blanc, sur papier bleu.

H. 40, L. 26.

397. ** Descente de croix.* — Dix figures. Au pied de la croix, la Vierge évanouie et la Madeleine en pleurs. — Etude pour le tableau qui est au Musée de Bruxelles. — Au crayon noir, sur papier gris.

H. 41, L. 30.

THULDEN (THÉODORE VAN).

N. à Bois-le-Duc 1607, directeur de l'Académie d'Anvers en 1638, élève de Rubens.

398. *L'enfant Jésus, sur les genoux de sa mère, caresse sainte Elisabeth.* — A la plume et lavé.

H. 17, L. 18.

DIEPENBECKE (ABRAHAM VAN).

N. à Bois-le-Duc 1607, directeur de l'Académie d'Anvers en 1641, m. 1675; élève de Rubens.

399. *Figure d'homme nu, tenant un mouton sur ses épaules.*
— Au crayon noir.

H. 35, L. 15.

400. *Jésus prêchant. Un homme et une femme l'écoutent. Le Père éternel apparaît dans le ciel.* — Au crayon noir estompé.

H. 40, L. 27.

QUELLYN (ÉRASME), ou QUELLINUS.
N. à Anvers 1607, m. 1678, élève de Rubens.

401. *Un Saint prêchant devant ses juges.* — Ce dessin a divers morceaux de rechange, l'auteur ayant changé plusieurs fois sa composition. — Lavé et rehaussé de blanc.

H. 23, L. 38.

402. *Les quatre Pénitents aux pieds du Seigneur.* — Lavé. — Col. Hamal.

H. 39, L. 27.

HOECK (JEAN VAN).
N. à Anvers vers 1600; élève de Rubens; a travaillé en Italie.

403. *Le Jugement de Pâris.* — Les trois déesses sont habillées. — Au crayon noir, rehaussé de blanc.

H. 26, L. 41.

CRAYER (GASPARD).
N. à Anvers 1582, m. 1669; élève de Raphaël Coxcie. Influence de Rubens.

404. *La Vierge, en pied, tenant Jésus entre ses bras.* — Au crayon noir, rehaussé de blanc.

H. 45, L. 29.

405. *Tête de femme avec une couronne.* — Grandeur naturelle. — Au crayon noir.

H. 38, L. 27.

SEGHERS (GÉRARD),
N. à Anvers vers 1589, m. 1651, élève de Henri Van Baalen; ami de Rubens et de Van Dyck.

406. *Mariage de la Vierge et de Joseph.* — Léger dessin au crayon noir; mis au carreau pour la gravure. — Col. Hamal.

H. 37, L. 23.

MIEL (JEAN).
N. 1599, m. à Turin 1644, élève de Seghers, et du Saccbi en Italie.

407. *Halte de chasseurs.* — Hommes, chevaux et chiens, au milieu d'une campagne aride. — A la plume et lavé.

H. 28, L. 41.

FOUQUIÈRES (JACQUES).
N. à Anvers 1580, m. à Paris 1659; élève de J. Monper, de Breughel de Velours, et de Rubens.

408. *Paysage.* — Un grand arbre à droite. A gauche, une maisonnette et une femme assise. — Au crayon noir.

H. 42, L. 23.

OPSTAL. (GASPARD-JACQUES VAN).
N. à Anvers (fin du dix-septième siècle); a copié Rubens.
409. *Jésus causant avec ses disciples.* — A la plume et lavé.
H. 26, L. 31.

UDEN (LUCAS VAN).
N. à Anvers 1595, m. vers 1662.
410. *Étude d'arbre.* — A la plume.
H. 23, L. 17.
411. *Paysage.* — Un moulin à vent, un clocher, quelques maisons. Au premier plan, un bûcheron abat un arbre. — Au crayon et lavé.
H. 22, L. 35.
412. *Effet d'orage.* — A la plume et lavis.
H. 15, L. 21.
413. *Paysage.* — A la plume et lavis.
H. 25, L. 39.

BRAUWER (ADRIEN).
N. 1608, m. à Anvers 1640.
414. *Bénédicité d'un repas hollandais.* — Huit figures. Dessin très-rare. — A la plume et lavé. — Cab. Langlès et Regnault de Lalande, qui l'attribuaient à Brauwer, quoique le style en soit bien différent.
H. 23, L. 20.

HORMANS ou HORESMAN, ou HORESMANS.
Ecole d'Adrien Brauwer.
415. *Joueurs de cartes.* — Cinq figures. — Au crayon rouge. — Au verso, *une figure d'ivrogne montant les marches d'une chaumière.* — Au crayon rouge.
H. 29, L. 21.

TENIERS (DAVID), le jeune.
N. à Anvers 1610, m. à Bruxelles 1694; élève de son père et d'Adrien Brauwer.
416. *Deux pèlerins.* — A la mine de plomb.
H. 31, L. 22.
417. *Un tireur d'arc.* — Grande étude de figure. — Au crayon noir.
H. 37, L. 20.

VAN HELMONT (MATHIEU).
N. à Bruxelles.
418. *Fête flamande* dans le genre de Teniers. — Plus de trente figures. Dans le fond un village et paysage. — A la plume et lavé, sur papier bleu.
H. 00, L. 00.

FLEMAEL (BERTHOLET).
N. à Liège 1614, m. 1675.
419. *Allégorie.* — Le Temps sur un char traîné par des dragons.

Deux Amours se suspendent à sa faux. Autour de lui, la Vérité, des Amours avec des guirlandes, et diverses figures symboliques. — A la plume, lavé et rehaussé de blanc.

H. 30, L. 40.

420. *L'apothéose de Bacchus*. — Plusieurs figures en adoration devant la statue du dieu. — Au crayon noir, rehaussé de blanc. — Cab. Hamal.

H. 39, L. 22.

COQUES (GONZALÈS).
N. à Anvers 1618, m. 1684; élève de David Rickaert le vieux.

421. *Paysage*, avec trois grandes figures. — Au crayon noir rehaussé de blanc. — Col. Hamal.

H. 27, L. 27.

ELLIGER (OTMAR).
N. 1633, élève de Daniel Seghers d'Anvers.

422. *Frontispice* pour un livre. — A la plume et lavé.

H. 32, L. 20.

MAES (GODEFROY).
N. à Anvers 1660, élève de son père.

423. *L'Annonciation*. — Au crayon noir, rehaussé de blanc.

H. 35, L. 25.

SPIERINGS (N).
Vivait dans la seconde moitié du dix-septième siècle; a travaillé en France et en Italie.

424. *Paysage*. — Crayon noir et sépia. — Au verso, étude d'arbre.

H. 22, L. 31.

BLOEMEN (PIERRE VAN).
N. à Anvers, demeura en Italie; directeur de l'Académie d'Anvers en 1699, frère de Jean-François et de Norbert.

4.. *Superbe étude de cheval*, de grande proportion. — Au crayon noir. — Cab. Mariette, n° 826.

H. 42, L. 25.

BLOEMEN (NORBERT VAN).
N. à Anvers 1672.

426. *Taverne hollandaise*. — Cinq hommes et deux femmes. — A la plume et lavé, sur papier bleu.

H. 40, L. 35.

—————

ÉCOLE HOLLANDAISE.

LUCAS DE LEYDE.
N. à Leyde 1494, m. 1533; élève de son père Hugues Jacob et de Cornille Engelbrechtsen.

427. *Un Théâtre*. — La foule contemple le spectacle. A droite, sur une estrade, plusieurs hommes sont occupés à écrire. On

voit par terre des livres et une malle qui contient des masques et des draperies. — A la plume et au crayon noir estompé, sur papier bistré.

H. 21, L. 31.

HEMSKERCK (MARTIN VAN).

N. 1498, m. à Harlem 1574, élève de Schooreel.
428. *Adoration des mages*. — A la plume et lavé. — Cab. Mariette.

H. 26, L. 34.

BARENSTEN ou THIERRY BERNARD.

N. à Amsterdam 1531, m. 1592; a travaillé en Italie chez le Titien.
429. *Un martyre*. — Figures nombreuses. — A la plume et lavé. — Col. Hamal.

H. 28, L. 20.

GOLTZIUS (HENRI).

N. 1558, m. 1617, élève de son père Jean, et neveu d'Hubert.
430. *Chasse au cerf*. — Hommes et femmes à cheval et à pied. — A la plume et lavé de bistre.

H. 40, L. 52.

431. *Séparation des bons et des méchants*. — A droite, les diables emportent les damnés dans l'enfer; à gauche, les élus élèvent leurs prières vers le ciel. Grande composition imitée de Franç. Floris. — A la plume et lavé.

H. 32, L. 52.

432. *Cavaliers et courtisanes*. — Quatre ou cinq groupes. Au milieu, une femme assise retient un homme qui s'en va, pendant qu'un autre homme paraît à la porte. A gauche, un homme met une pièce dans la main d'une femme. A droite, on s'embrasse, jusque sur l'escalier. — Beau dessin à la plume et lavé.

H. 27, L. 41.

433. *Deux scènes de galanterie*. — A gauche, la femme se regarde dans un miroir, et l'homme la regarde; à droite, tous deux assis, jouent avec des fleurs. Dans les fonds, architecture fine et capricieuse. — A la plume et lavé.

H. 16, L. 28.

CORNELIS (CORNILLE).

N. à Harlem 1562?, m. 1638, élève de Pierre Lelong le jeune, de F. Porbus et de Gilles Coignet.
434. *Diane et ses nymphes*. — A la plume et lavé de bistre et de blanc.

H. 32, L. 21.

BRAMER (LÉONARD).

N. à Delft 1596.
435. *Les Scribes et les Pharisiens payent les soldats qui vont saisir le Christ au jardin des Olives*. — Dessin d'un grand

effet, sur papier bleu, à la plume, lavé et vivement rehaussé de blanc.

N. 35, L. 24.

ROMBOUTS (THÉODORE).
N. à La Haye 1597, m. 1610, élève de Janssens.

436. *Intérieur de forêt.* — Belles études d'arbres. — Lavé et rehaussé de blanc. Sur papier gris. — Il a été attribué, dans un catalogue, à Claude Lorrain.

N. 29, L. 45.

BLOEMART (ABRAHAM).
N. à Gorcum 1561, m. à Utrecht 1617, élève de Franc-Flore et de J. Franck.

437. *Des joueurs.* — Quatre cavaliers autour d'une table ; un autre, debout, boit dans un verre à long pied. Au second plan, deux hommes causent ensemble, et dans le fond, une femme est occupée à tirer du vin. — A la plume et au crayon noir, et lavé de bistre.

N. 28, L. 39.

438. *Paysage.* — Une chaumière et quatre figures. Daté de 1650. — Au crayon noir et lavé de diverses couleurs. — Col. ARD.

N. 23, L. 31.

439. Quatre compositions de bas-reliefs représentant des femmes, des tritons et des enfants. — Vigoureusement lavés au bistre. — N'est-ce point le n° 821 de Mariette ?

N. 13, L. 28 chaque.

BLOEMART (CORNILLE), graveur.
N. à Rome, troisième fils d'Abraham Bloemart.

440. *Une Sainte Famille, avec deux anges.* — Figures de grande proportion. — Dessin préparé pour la gravure. — A la plume et lavé.

N. 27, L. 24.

BOTH (JEAN), dit BOTH D'ITALIE.
N. à Utrecht 1610, m. 1650, élève d'Abraham Bloemart.

441. *Étude d'arbre.* — Esquisse légère au bistre.

N. 33, L. 22.

442. *Paysage* — Deux hommes pêchant sur le bord d'une rivière. — Au crayon rouge. Contre-épreuve.

N. 30, L. 28.

EGMONT (JUSTE VAN).
N. à Leyde 1602, m. 1674, peintre de Louis XIII et de Louis XIV, collaborateur de Vouet.

443. *Une reine sur son trône reçoit des guerriers.* — Lavé de bistre, de noir et de blanc, sur papier jaune, qui sert de fond.

N. 25, L. 42.

BRONCKOORST (JEAN VAN).

N. à Utrecht 1603, d'abord peintre sur verre ; ami de Poelemburg.

444. *La Vierge tirant les pêcheurs du purgatoire.* — A la plume et lavé de trois couleurs.

H. 28, L. 31.

REMBRANDT (PAUL).

N. près de Leyde 1606, m. à Amsterdam 1674.

445. *Deux hommes avec de grandes robes turques et des turbans.* — L'un est vu de dos, l'autre de face. — Ferme dessin à la plume.

H. 29, L. 31.

446. *Paysage,* avec des montagnes et des fabriques dans le fond. — Un homme et une femme causent ensemble, assis au premier plan. — A la plume et lavé.

H. 19, L. 30.

447. *Grande figure dominant une foule.* — Dans le fond, beaucoup de figures. — A la plume et lavé de bistre, avec quelques coups de crayon rouge.

H. 15, L. 14.

448. *Résurrection de Lazare.* — Une des expressions de ce sujet, souvent traité par Rembrandt. — Esquisse à la plume.

H. 25, L. 19.

KNELLER (GODEFROY).

N. à Lubeck, duché d'Holstein, 1618, m. à Londres 1726, élève de Rembrandt et de Ferdinand Bol.

449. *Guillaume le Conquérant, duc de Normandie, partant pour les croisades.* — A plusieurs crayons et lavé.

H. 22, L. 47.

CUYP (ALBERT).

N. à Dort 1606, élève de son père.

450. *La Circoncision.* Saint Joseph et Marie sont debout, auprès du Grand-Prêtre qui tient Jésus dans ses bras. A gauche, dans une chaire, un prêtre récite des prières, et un lévite apporte l'encens. Nombreux assistants à droite et dans le fond ; architecture légèrement indiquée au crayon noir. — Dessin capital qui rappelle les plus beaux effets de Rembrandt. — A la plume, au crayon noir, chaudement lavé de bistre et rehaussé de blanc, sur papier teinté.

H. 42, L. 33.

451. *Paysage,* avec un homme, une femme et un enfant. — Au crayon noir.

H. 15, L. 35.

WISCHER (CORNEILLE).

N. en Hollande vers 1610, élève de Soutman.

452. *Portrait d'homme,* grandeur naturelle. — Au crayon rouge.

H. 41, L. 32.

GOYEN (JAN VAN).
N. à Leyde 1596, m. à La Haye 1656, élève de Gerrits.
453. *Charmante étude de paysage.* — Des arbres au bord d'un étang. — Au crayon noir.
н. 24, l. 36.

ZACHTLEVEN (HERMAN).
N. à Rotterdam 1609, m. 1685, élève de Van Goyen.
454. *Etude de terrains et de tronc d'arbre.* — Au crayon noir et lavé.
н. 36, l. 28.
455. *Paysage*, avec un château sur un rocher. — Au crayon noir.
н. 19, l. 29.
456. *Troupeau de chèvres.* Un pâtre et un chien. — Au crayon et lavé.
н. 21, l. 20.

KABEL (ADRIEN VAN DER).
N. 1631 près de La Haye, m. à Lyon 1695, élève de Van Goyen.
457. *Paysage.* — A droite des montagnes, à gauche une rivière. — Au crayon noir. Pourrait être de Zachtleven.
н. 36, l. 48.
458. *Paysage*, avec figures imitées de Berghem. — Au crayon noir.
н. 20, l. 32.

OSTADE (ADRIEN VAN) [d'après].
N. à Lubeck 1610, m. à Amsterdam 1685, élève de Franc Hals et ami de Brauwer.
459. *Un cabaret.* — A la plume et lavé.
н. 21, l. 20.

BÉGA (CORNEILLE).
N. à Harlem et m. 1664; élève d'Adrien Van Ostade.
460. *Etude de femme nue*, assise, la main sur des draperies.— Sur papier bleu, au crayon noir, rehaussé de blanc.
н. 29, l. 24.
461. *Une femme assise.*—Au crayon noir, rehaussé de blanc, sur papier bleu.
н. 30, l. 20.
462. *Une femme assise.* — Au crayon rouge.
н. 31, l. 22.

ASSELYN (JEAN).
N. à Anvers vers 1610, m. à Amsterdam 1660, élève d'Isaac Van Ostade.
463. *Un pont sur un ruisseau, où des femmes lavent.*— Belle étude d'arbre à gauche. — Sépia.
н. 33, l. 46.
464. *Une tour.* — Au crayon et lavé.
н. 40, l. 56.

465. *Étude de rochers.* — A l'encre de Chine.

n. 25, l. 38.

466. *Paysage* avec une petite rivière. — Au crayon noir, à la plume et lavé.

n. 8, l. 31.

WYNANTS (JEAN).

N. à Harlem vers 1600, m. 1670, maître d'Ad. Van Velde et de Wouvermans.

467. *Un chemin montueux, avec diverses figures d'une autre main.* — Au crayon noir et lavé de bistre. Contre-épreuve.

n. 30, l. 23.

WOUVERMANS (PHILIPPE).

N. à Harlem 1620, m. 1668, élève de son père et de Wynants.

468. *Halte de soldats.*—Au milieu, un chariot traîné par deux chevaux; une femme est assise sur les bagages. Cavaliers et hommes à pied. Fond de paysage. — Au crayon et lavé à l'encre de la Chine.

n. 22, l. 39.

469. *Des cavaliers.* — Contre-épreuve au sel, d'une charmante esquisse à l'huile.

n. 29, l. 34.

WOUVERMANS (PIERRE).

N. à Harlem, élève de son frère Philippe.

470. *Deux cavaliers arrêtés près d'une maison.* A gauche, des Bohémiens. — A la plume et lavé.

n. 25, l. 35.

471. *Vue du port de Scheveling.* — Des pêcheurs étendent leurs poissons sur le rivage. Un chariot d'herbages, sur lequel est une femme et son enfant. — Lavé à l'encre de la Chine.

n. 27, l. 44.

VAN FALEN.

Imitateur de Ph. Wouvermans.

472. *Un homme et une femme à cheval.* — Au crayon et lavé.

n. 18, l. 23.

KONING (JACQUES).

Elève d'Adrien Van Velde.

473. *Réception de guerriers.*—Dix-huit personnages sur un fond d'architecture. — A la plume et lavé.

n. 22, l. 36.

LAAR (PIERRE DE), dit LE BAMBOCHE.

N. à Laaren 1613, m. à Amsterdam vers 1674.

474. *Ruines.* — Ouverture d'une caverne qui laisse apercevoir le ciel. — Lavé au bistre.

n. 44, l. 33.

475. *Un homme à cheval.* — Un chasseur assis avec son chien. Trois figures. — Lavé.

n. 24, l. 25.

476. *Jésus causant avec les docteurs.* [Attribué au Bamboche].
— A la plume et lavé.

н. 19, L. 25.

WATERLOO (ANTOINE).

N. vers 1618 à Amsterdam ou à Utrecht, m. à l'hôpital 1662.

477. *Paysage.* — Etude d'arbres. — Sur papier jaune, au crayon
noir, rehaussé de blanc.

н. 25, L. 30.

478. *Paysage.* — Des arbres au bord de l'eau. — Au crayon noir
et lavé.

н. 38, L. 49.

BREEMBERG (BARTHOLOMÉ).

N. à Utrecht vers 1620, m. 1660.

479. *Paysage.* — Une rivière et un pont. — A la plume.

н. 28, L. 40.

DOES (JACQUES VAN DER).

N. à Amsterdam 1623, m. 1673, élève de N. Mojaert.

480. *Bélier couché dans un paysage.* — Au crayon noir et rouge
et lavé.

н. 9, L. 10.

HOBBÉMA (MEINDER).

Dix-septième siècle.

481. *Paysage.* — Intérieur de forêt avec de l'eau. Effets de
lumière. — A la plume et lavé.

н. 21, L. 30.

BERGHEM (NICOLAS), dit CLAAS.

N. à Harlem 1624, m. 1683, élève de Van Goyen et de Weenix.

482. *Passage d'un gué.* Des hommes et des animaux traversent
une petite rivière. A droite, un château sur le haut d'une col-
line; à gauche, des arbres. Il y a cinq vaches, quatre moutons,
trois chiens et deux ânes. — Dessin d'une précieuse finesse, à la
plume et lavé.

н. 19, L. 32.

483. *Paysage avec figures et animaux.* — La femme assise
sur un âne. Etude de pins et de rochers. — Au crayon noir.

н. 31, L. 46.

484. *Un moulin.* — Vive étude de paysage. — Au crayon noir.

н. 39, L. 26.

485. *Étude d'ânes.* — Au crayon noir. — C. Nathaniel Hone.

н. 19, L. 29.

486. *Deux paysages avec figures et animaux.* — Au crayon
rouge. Contre-épreuves.

н. 21, L. 35.

487. *Quatre feuilles d'études de moutons.* — Trois sont des contre-

épreuves.—Au crayon noir et rouge. Marqué d'un œil.—C. Nathaniel Hone.

n. 30, L. 32.

DUJARDIN (KAREL).

N. à Amsterdam vers 1640, m. à Venise 1678, élève de Bergbem.

488. *Passage d'un gué.* — Une femme, un cheval et un bélier
traversent un ruisseau. — Dessin terminé au crayon rouge.

n. 23, L. 31.

489. *Étude de vache.* — Au crayon noir.

n. 17, L. 16.

HUYSUM (JUSTE VAN).

N. à Amsterdam 1659, m. 1716, élève de Bergbem.

490. *Un combat.*—A gauche, au premier plan, un cavalier sonne
de la trompette. — A la plume et lavé.

n. 25, L. 50.

ULFT (VAN DER).

N. à Gorcum vers 1627.

491. *Scène flamande.* — Beaucoup de figures. — Au crayon
noir.

n. 28, L. 25.

192. *Vue de Rome.* — Architecture et personnages. — A la
plume et lavé.

n. 20, : . '

493. *Croquis de diverses figures.* — A la plume et lavé.

n. 2 , . .

494. *Deux vues d'architectures.* — Lavé. —C. Langliès.

n. 28, L. 19.

BACKUYSEN (LOUIS).

N. à Embden 1631, m. à Amsterdam 1709, élève d'Everdingen.

495. *Marine.* — A la plume et lavé en couleur. —C. Langliès.

n. 24, L. 36.

496. *Un vaisseau équipé, voiles déployées.* A droite, la
plage et deux hommes. — Lavis. —C. Langliès.

n. 40, L. 31.

MOLYN (PIERRE).

N. à Harlem vers 1637, m. à Milan 1701.

497. *Ruines.* — Au crayon et au bistre.

n. 19, L. 31.

498. *Vue d'un château.* — Au crayon et lavé.

n. 26, L. 20.

HEYDEN (JEAN VAN DER).

N. à Gorcum 1637, m. à Amsterdam 1712.

499. *Clocher de village.* — Figure de pèlerin sur le devant. —
Au crayon, avec quelques coups de rouge et de blanc.

n. 16, L. 20.

LAIRESSE (GÉRARD DE).
N. à Liége 1610, m. à Amsterdam 1711, élève de son père.
500. *Léda.* Les Amours amènent le cygne avec des guirlandes
de feuillage. — Lavé de bistre et de rouge. — Mis au carreau
pour l'exécution. — Cat. Constantin.

н. 18, л. 23.

501. *La Justice et la Paix s'embrassent.* — Cette inscription
est gravée au-dessous d'un vase richement sculpté : *Justitia et
Pax osculatæ sunt.* — Au crayon rouge.

н. 37, л. 43.

WYCK (JEAN).
N. au milieu du dix-septième siècle, m. à Londres; élève de son
père.
502. *Marine.* — A la plume et lavé.

н. 30, л. 45.

HUGTENBURG (JEAN VAN).
N. à Harlem 1646, m. à Amsterdam 1733; ami et élève de Jean
Wyck.
503. *Chasse.* Deux femmes et deux hommes à cheval. Des valets
portent des faucons et conduisent des chiens. — Lavé.

н. 27, л. 39.

MEYERING (ALBERT).
N. à Amsterdam 1645, élève de son père Frédéric; ami de
Glauber.
504. *Paysage.* — A la plume, les petits fonds au crayon.

н. 34, л. 51.

VERKOLIE (JEAN) le père.
N. à Amsterdam 1650, m. 1693; élève de Lievens.
505. *Nymphes et Amours.* — Les figures au crayon rouge, le
paysage et l'architecture au crayon noir.

н. 30, л. 40.

LUYCKEN (JEAN), peintre et graveur.
N. à Amsterdam 1649, m. 1712, auteur des gravures de *la Bible*,
de Pierre Mortier.
506. *Supplice des Vaudois.* — Magnifique dessin qui contient
des figures innombrables, et qui représente tous les genres de
supplice. — A la plume.

н. 28, л. 51.

JANSSON (CORNILLE), VAN CEULEN.
Il demeura longtemps en Angleterre vers le milieu du dix-septième
siècle, où il fit beaucoup de portraits. Est-ce le même peintre
que JANSSENS Van Ceulen?
507. **Une femme assise tient son enfant sur ses genoux; un
autre enfant ouvre un livre. A droite, un homme accorde
une guitare. Ces quatre figures paraissent être des portraits. On
sait que Jansson en fit beaucoup en Angleterre. Le dessin*

porte, d'ailleurs, au bas, cette inscription anglaise : *Familie in Engeland dcor Jansson Van Ceulen*. — Beau dessin terminé au crayon noir, et rehaussé de blanc.

n. 29, l. 35.

RADEMAKER.

N. à Amsterdam 1675, m. 1735.

508. *Paysage*. — Sur le devant, une rivière avec des barques. — A la plume et lavé.

n. 20, l. 22.

ÉCOLE FRANÇAISE.

COUSIN (JEAN).

N. à Souci au comm. du seizième siècle, m. sous Henri III.

509. *Le Sabbat*. — Dans une caverne dont l'ouverture laisse apercevoir l'incendie d'une ville, les démons, les magiciens et les sorcières se livrent aux œuvres des ténèbres. Grand nombre de figures nues qui rappellent l'école florentine et certaines statues de Michel-Ange. — Magnifique dessin à la plume, lavé de bistre, de bleu et de blanc.

n. 28, l. 43.

GOUJON (JEAN) école de.

N. à Paris sous François Iᵉʳ, m. 1572.

510. *Figure de fleuve, couché au milieu des joncs;* son bras gauche repose sur l'urne. — Au crayon noir.

n. 23. l. 45.

DUBREUIL (TOUSSAINT).

N. vers 1550, m. 1602 ; a travaillé à Fontainebleau.

511. *Enlèvement d'Hélène*. — Nombreuses figures de guerriers. Mer et paysage. — A la plume et lavé.

n. 26, l. 37.

FREMINET (MARTIN).

N. 1567, m. 1619 ; élève de Cousin et de l'école florentine; peintre de Henri IV.

512. *Scène des Hébreux dans le désert*. — On voit Moïse au second plan. Figures d'un grand style. — A la plume et lavé.

n. 30, l. 42.

ÉCOLE DE FONTAINEBLEAU.

Le Vinci, Primatice, Nicolo del Abatte, le Rosso et les autres Italiens, aidés des maîtres français, avaient formé une nombreuse école de peintres, qui travailla, au seizième siècle, dans les palais et les églises.

513 et 513 bis. *Deux écuyers, avec deux chevaux richement caparaçonnés et portant un panache sur la tête*. — Ces deux pendants sont à la plume et lavés de bistre. — Col. Crozat et Mariette. — L'un de ces dessins porte au dos cette indication,

écrite de la main de Mariette : « Par un des maîtres que François I⁰ᵉ occupait à Fontainebleau. »

н. 33, l. 27.

514. *Composition allégorique.* — La Victoire près du Tibre.
Elle tient le sceptre de la main droite, des palmes et des couronnes
de la main gauche. Près d'elle sont des casques, des boucliers et
des armures. Le fleuve est couché, abritant sous son bras la louve
romaine. — Composition de grand style, à la plume, lavée de
de bistre et de blanc, sur papier bleu. — Analogie avec le Primatice.

н. 20, l. 35.

515. *La Guerre.* — Grande composition allégorique. Un guerrier
armé, l'épée nue en main, est assis sur un char attelé de deux
chevaux fougueux, et conduit par la Fureur portant une torche
allumée. Il est escorté par tous les fléaux, la Cruauté avec une
épée flamboyante, l'Envie, décharnée, rongeant un os, et par
diverses autres figures symboliques. Dans le fond, des édifices
incendiés et des hommes qui se battent. — A la plume, et lavé.

н. 33, l. 49.

VOUET (SIMON).

N. 1582, m. 1641 ; a travaillé en Italie.

516. * *Femme tenant un vase d'où l'eau jaillit.* — Aux crayons
noir et blanc. — Cab. Mariette.

н. 25, l. 20.

517. *Grande composition historique.* — A la plume et lavé. —
Signé SIMON VOUET, 1612.

н. 34, l. 51.

MIGNARD (PIERRE), dit le ROMAIN.

N. 1610, m. 1695. — Ecole de Vouet.

518. *Portraits de deux femmes de la cour de Louis XIV,*
assises dans un parc, auprès d'une fontaine ornée d'un lion monté
par un Amour. — Dessin terminé au crayon rouge.

н. 30, l. 40.

519. *Un enfant tenant une serpe, et monté sur une échelle.* —
Au crayon rouge, rehaussé de blanc.

н. 37, l. 23.

DUFRESNOY (CHARLES-ALPHONSE).

N. à Paris 1611, m. 1665. — Ecole de Vouet.

520. *Sainte famille.* — La Vierge, Jésus, saint Joseph, sainte
Elisabeth et saint Jean. — Fond d'architecture et de paysage. —
Au crayon et lavé.

н. 27, l. 22.

LE SUEUR (EUSTACHE).

N. à Paris 1617, m. 1655. — Ecole de Vouet.

521. * *Un Martyre.* — Des soldats entraînent le saint, aux pieds duquel les femmes se précipitent. A gauche, les licteurs et les chefs à cheval. Vingt-trois figures. Composition de premier ordre et qui rappelle le Poussin et Raphaël. — Très-terminé, à la plume, lavé de bistre et rehaussé de blanc, sur papier gris.

н. 40, L. 33.

522. * *Étude d'enfant de chœur*, portant un candélabre. — Sur papier bleu. Au crayon noir rehaussé de blanc.

н. 39, L. 24.

523. *Étude d'homme accroupi et appuyé sur les mains.* C'est la figure qui souffle le feu sous le bûcher, dans la prédication de saint Paul. N° 132 du Louvre. — Au crayon noir, rehaussé de blanc, sur papier gris.

н. 22, L. 35.

524. *Une figure d'homme, debout, enveloppé de draperies.* — Au crayon noir, rehaussé de blanc.

н. 17. L. 31.

LEBRUN (CHARLES).
N. à Paris 1610, m. 1690. — Ecole de Vouet.

525. *Moïse frappant le rocher.* — Les Hébreux se précipitent pour boire. Figures nombreuses. A gauche, deux chameaux. — A la plume et lavé.

н. 35, L. 55.

526. *Composition allégorique.* — Cinq grandes figures. — A la plume et lavé.

н. 38, L. 52.

527. * *Étude de figure enveloppée de draperies.* — Au crayon rouge, rehaussé de blanc.

н. 36, L. 22.

528. *Agar dans le désert.* — Au crayon noir.

н. 26, L. 30.

LAFOSSE (CHARLES).
N. à Paris 1610, m. 1716. — Ecole de Lebrun.

529. *Flagellation du Christ.* — Sept figures. — Aux crayons noir et rouge.

н. 28, L. 23.

LÉNAIN (ANTOINE) l'aîné.
N. 1588.

Et LOUIS le jeune.
N. 1593.

Morts tous deux à Laon en 1648. Ces deux frères travaillaient le plus souvent ensemble, et avec leur frère Mathieu.

530. * *Une halte.* — Une femme allaitant son enfant, un petit garçon qui porte un panier, un homme, deux chevaux et un chien, sont arrêtés près d'une fontaine ombragée de grands ar-

bres. Trois personnages sont assis au second plan. — Magnifique dessin au crayon rouge, rehaussé de blanc.

H. 40, L. 28.

531. *Étude de femme assise dans une chaise.* — Au crayon noir. — Au dos est écrit : « Collection Crozat, Nourri, Joubert et « Lempereur. »

H. 29, L. 21.

532. *Servante portant une lanterne.* — Effet de lumière. — Au crayon noir et à l'estompe, sur papier bleu.

H. 24, L. 18.

CALLOT (JACQUES).

N. à Nancy 1593, m. 1635, élève de Gallina, Parigii et Thomassin.

533. *Un parc.* — Paysage avec figures. A gauche, sur une éminence, plusieurs personnages cherchent à attraper des oiseaux qui s'envolent du nid. En face, deux grandes colonnes surmontées de statues, et un groupe de sculpture. — A la plume. Quelques personnes l'attribuent au Guerchin.

H. 17, L. 16.

534. *Étude de diables et de figures fantastiques pour la tentation de saint Antoine.* — Au crayon rouge.

H. 21, L. 31.

535. *Adoration des bergers.* — Nombreuses figures. — A la plume, avec de fortes hachures.

H. 20, L. 28.

POUSSIN (NICOLAS).

N. 1594, m. à Rome en 1665.

536. *Apollon et Daphné.* — Superbe dessin qui rappelle les Vénitiens. — A la plume et au crayon rouge. — Cab. Gounod.

H. 17, L. 23.

537. *Étude d'hommes nus et de chevaux renversés les uns sur les autres.* — A la plume et lavé. — Cab. Peyron.

H. 20, L. 28.

538. *Grand paysage.* — Au premier plan, groupe de sept figures : Moïse sauvé des eaux. — Au crayon noir, rehaussé de blanc. — Cat. Gounod.

H. 28, L. 43.

539. *Moïse sauvé des eaux.* — N° 197 du Louvre, avec quelques changements. — Au crayon rouge. — Cat. Peyron, n° 21.

H. 22, L. 29.

540. *Punition du peuple juif.* — Grande figure de Moïse, élevant les bras au ciel ; dans le fond, les éclats de la foudre, les arbres et les édifices renversés, la terre couverte de cadavres d'hommes et d'animaux. — A la plume, lavé de bistre et de blanc. — Cat. Gounod.

H. 19, L. 28.

541. *Incomparable petite esquisse d'une Adoration des ber-*

yers.—La Vierge est penchée sur le berceau de Jésus. A gauche, une femme agenouillée prend deux colombes dans une corbeille.— A la plume. — Cat. Gounod.

H. 12, L. 11.

542. *Deux esquisses de paysages sur la même feuille.*—Grande perspective. — A la plume. — Cat. Gounod.

H. 7, L. 19 chaque.

543. *Trois enfants.* — Dessin ovale, au crayon rouge. —On lit au dos : « C'est une contre-épreuve d'un dessin de *lui*, non ter- « miné, et qu'il a *retouchée de sa main.* Vient des portefeuilles « de Sylvestre, chevalier de l'ordre de Saint-Michel, et de Ma- « riette en premier lieu. » — Cat. Peyron.

H. 24, L. 24.

GUASPRE (GASPARD-DUGHET, dit le).

N. 1613, m. 1675; élève du Poussin.

544. *Paysage.* —Grands arbres. Chemin montant à gauche. Ar- chitecture et montagne dans le fond. — A la plume et lavé, sur papier jaune.

H. 43, L. 54.

545. *Paysage.* —A droite, un arbre dépouillé. Attribué souvent à Nicolas Poussin. — Lavé au bistre.

H. 26, L. 41.

546. * *Paysage.*—Trois hommes sur un chemin. A droite et à gau- che, des maisons. — Les terrains du premier plan à la plume, le reste au crayon. — C. Mariette.

H. 28, L. 42.

LOIR (NICOLAS).

N. à Paris 1624, m. 1679, élève du Bourdon, de Lebrun, et sectateur du Poussin.

547. *Sainte Famille.* — La Vierge contemple Jésus. Derrière elle, saint Joseph; à ses pieds, saint Jean assis sur le berceau. Au second plan, deux femmes près d'une cheminée. — A la plume et lavé.

H. 38, L. 29.

MILET (FRANCISQUE).

N. à Anvers 1644, m. à Paris 1678; professeur de l'Académie de peinture; élève des Franck; sectateur du Poussin.

548. *Paysage.* — Gouache.

H. 27, L. 41.

549. *Paysage.* — Au crayon noir.

H. 23, L. 40.

550. *Paysage.* — Au crayon rouge.

H. 18, L. 31.

GENOELS (ABRAHAM).

N. à Anvers 1640; membre de l'Académie de Paris; imitateur de Francisque Milet.

551. *Grand paysage avec figures.* — A la plume. Au dos, autre paysage à la plume.

H. 30, L. 17.

552. *Repos de Diane avec ses Nymphes.* — Grand paysage. — A la plume et lavé.

H. 22, L. 46.

553. *Paysage.* — Arbres à droite, figures à gauche. — A la plume.

H. 29, L. 38.

LORRAIN (CLAUDE GELÉE, dit le).

N. 1600, m. à Rome 1687.

554. *Vue du Colysée à Rome.* — A la plume et légèrement lavé.

H. 23, L. 40.

555. *Etude de paysage.* — Matin. Arbres et terrains. — Au crayon et lavé de bistre, sur papier teinté.

H. 21, L. 35.

556. *Danse de Satyres*, sur un fond d'arbres. — Ovale, à la plume, lavé et rehaussé de blanc.

H. 34, L. 27.

557. *Paysage et architecture.* — A la plume et lavé de bistre. Col. F. Regnault Delalande.

H. 22, L. 30.

CHAMPAGNE (PHILIPPE DE).

N. à Bruxelles 1603, m. à Paris 1674; élève de Fouquière.

558. *Christ en croix.* — La Vierge et saint Jean, figures en pied. — Camaïeu sur fond de ciel bleu.

H. 44, L. 30.

559. *Le Christ mort.* — Magnifique étude du grand Christ du Musée (n° 380). — Gouache sur papier bleu, qui sert de fond.

H. 21, L. 43.

LAHIRE (LAURENT DE).

N. 1606, m. 1656, élève de son père.

560. *Thaméris ayant fait trancher la tête de Cyrus, la fait tremper dans un vase plein de sang.* (Inscription au bas du dessin). — A la plume. — C. Constantin.

H. 33, L. 44.

561. *Jugement de Salomon.* — Nombreuses figures. — Au crayon et lavé.

H. 29, L. 38.

562. *La Vierge assise.* Un ange derrière elle. — Au crayon rouge. — Col. F. Regnault Delalande.

H. 21, L. 14.

BOURDON (SEBASTIEN).

N. à Montpellier 1616, m. à Paris 1671.

563. *Sainte Famille.* — La Vierge, Jésus et saint Joseph sor-

tent du temple. — A la plume, légèrement lavé de laque et rehaussé de blanc. — C. Langliès.

н. 36, L. 24.

564. *Grande figure enveloppée de draperies, la tête penchée
et les mains jointes.* — Sur papier gris, au crayon noir, rehaussé de blanc.

н. 41, L. 27.

BOURGUIGNON (JACQUES COURTOIS, dit le).
N. en Franche-Comté 1621, m. jésuite à Rome en 1676 ; élève de
son père Jacques Courtois, du Guide et de l'Albane.

565. *Figure couchée et étude de jambes.* — Au crayon rouge.
—C. Langliès.

н. 24, L. 39.

566. *Une bataille.* — A la plume et lavé.

н. 27, L. 46.

PARROCEL (JOSEPH).
N. 1648, m. à Paris 1704; élève du Borgognone.

567. *Bacchanale.* — A la plume.

н. 17, L. 25.

568. *Construction d'un édifice.* — L'architecte trace un plan sur
une pierre ; les ouvriers portent les matériaux. Paysage et montagnes dans le fond. — A la plume et lavé.

н. 29, L. 45.

569. *Un combat.* Dans le genre du Bourguignon. — A la plume
et lavé. — Cab. F. Regnault Delalande.

н. 26, L. 39.

PUGET (PIERRE-PAUL), sculpteur.
N. 1622, m. 1694.

570. *La Renommée, debout sur un cheval ailé, sonne de la trompette.* — Figure imitée par Coysevox dans les deux groupes de la
porte des Tuileries. — Au crayon noir et lavé.

н. 26, L. 19.

POILLY (FRANÇOIS), graveur.
N. à Abbeville 1622, m. à Paris 1693; élève de son père, de Daret
et de Bloemart.

571. *Saint Sébastien*, d'après Annibal Carrache. — Dessin à la
sanguine; pour la gravure, exécutée par Poilly.

н. 43, L. 33.

NANTEUIL (ROBERT), peintre et graveur.
N. à Reims 1630, m. à Paris 1678.

572. *Portrait de Nanteuil* par lui-même, avec cette signature :
R. Nantueil faciebat, anno 1651. — Ovale. A la mine de
plomb.

н. 15, L. 11.

VAN DER MEULEN (ANTOINE-FRANÇOIS).
N. à Bruxelles 1631; de l'Académie de Paris en 1673; m. à Paris 1690;
élève de Pierre Snagers.

573. *Halte de soldats.* A droite, des valets tiennent deux chevaux par la bride. A gauche, groupe de sept soldats, quatre debout, trois assis, tous armés de fusils, de piques et d'épées. Quatre autres soldats à côté des chevaux. — Dessin capital, au crayon noir, rehaussé de blanc, sur papier gris.

H. 36, L. 54.

574. *Paysage,* extrêmement profond, avec des soldats. — Au crayon rouge. — C. Nergaard.

H. 19, L. 42.

575. *Halte de soldats au milieu d'un paysage.* — Au crayon noir et lavé de bistre. — C. Regnault de Lalande.

H. 23, L. 39.

576. *Deux hommes à cheval,* l'un vu de dos, l'autre de face.— Au crayon noir, rehaussé de blanc.

H. 31, L. 26.

577. *Études de chevaux et de fusils.* — Au crayon noir, rehaussé de blanc.

H. 29, L. 38.

LECLERC (SÉBASTIEN), dessinateur et graveur.
N. à Metz 1637, m. à Paris 1714.

578. *Dessins de plafonds et d'ornements d'architecture.* — A la plume et lavé.

H. 23, L. 28.

579. *Un parc.* — A gauche, des portiques. Au premier plan, une fontaine, une statue, un homme en manteau. — Au crayon et lavé.

H. 24, L. 18.

CORNEILLE (MICHEL).
N. 1649, m. 1708. Influence des Carrache.

580. *Jésus baptisant au Jourdain.* — Douze figures dans un beau paysage.—Dessin terminé au crayon rouge, d'après Raphaël. —C. Langliès.

H. 20, L. 27.

581. *Sainte Famille.* — La Vierge assise au milieu de la campagne tient l'enfant Jésus sur ses genoux, et soulève une draperie de la main droite. Saint Joseph derrière elle. — Composition imitée de Raphaël, au crayon rouge.

H. 32, L. 25.

JOUVENET (JEAN).
N. à Rouen 1644, m. à Paris 1717, élève de son père.

582. *Femme agenouillée, les mains jointes.* — Étude pour le tableau n° 76 du Louvre.— Sur papier gris, au crayon noir, rehaussé de blanc.

H. 23, L. 21.

583. *La Douleur.* — Figure nue, couchée, et tenant sa tête entre ses mains. — Vigoureux dessin au crayon noir.

H. 23, L. 36.

RESTOUT (JEAN).
N. à Rouen 1692, m. à Paris 1768; élève de Jouvenet son oncle.

584. *Jésus chez Marthe et Marie.* — Lavé et rehaussé de blanc, sur papier vert. — C. Regnault de Lalande.

H. 22, L. 28.

585. *Magnifique étude d'un mascaron immense*, pour une décoration d'architecture.—Au crayon rouge.— C. Théodore Karjavine.

H. 27, L. 39.

RESTOUT, le fils.
Vivait en 1780; élève de son père.

586. *Tête de Christ.* — A l'estompe et aux trois crayons

H. 35, L. 29.

SANTERRE (JEAN-BAPTISTE).
N. 1651, m. à Paris 1717, élève de Bon Boulogne.

587. *Tête de mulâtresse*, de grandeur naturelle et d'une physionomie très-animée. — A l'estompe, au crayon noir, et rehaussé de blanc.

H. 34, L. 21.

PATEL (PIERRE), le père.
N. 1654.

588. *Paysage.* — A gauche, un pont et des ruines; à droite, une maison de bois, très-pittoresque. Riches édifices dans le fond.— Vive étude au crayon noir, rehaussé de blanc, sur papier gris.

H. 28, L. 39.

LARGILLIERE (NICOLAS).
N. à Paris 1656, m. 1746, élève de Goubeau.

589. *Christ en croix, avec la Vierge, la Madeleine et saint Jean.*—Étude pour le tableau, dans le style de Van Dyck, exécuté pour l'abbaye de la Saunaye, près Villejuif. — A la plume et lavé.

H. 31, L. 17.

OUDRY (JEAN-BAPTISTE).
N. à Paris 1686, m. 1755, élève de son père et de Largillière.

590. *Nature morte.* — Chevreuil, faisan, lièvre, oiseaux; paniers, pots et légumes. — Sur papier gris, au crayon noir, rehaussé de blanc. — C. Regnault de Lalande.

H. 26, L. 33.

DESPORTES (FRANÇOIS).
N. 1661, m. à Paris 1743.

591. *Un geai et un chardonneret.*— Étude à l'huile sur papier.

H. 36, L. 27.

COYPEL (ANTOINE), peintre et graveur.

N. à Paris 1661, m. 1722, fils et élève de Noël Coypel.

592. *Un homme le genou en terre, la tête appuyée sur la main.* — Mis au carreau pour l'exécution. On voit plusieurs repentirs du maître. — Sur papier bleu, aux trois crayons.

H. 33, L. 27.

593. *Sujet historique.* — Plus de vingt-cinq figures. — Aux crayons noir et rouge, rehaussé de blanc, sur papier bistré.

H. 27; L. 38.

RIVALZ (ANTOINE).

N. à Toulouse 1667, m. 1735, fils et élève de J. Rivalz.

594. *Intérieur de prison.* — Quatre figures. — A la plume. — C. Regnault Delalande.

H. 33, L. 24.

594 bis. *Un Songe.* — Femme nue, endormie. Apparition de diverses figures. — A la plume, sur papier jaune.

H. 28, L. 42.

LA FAGE (RAIMOND).

N. à Lyon, fin du dix-septième siècle, élève de Rivalz.

595. *Combat.* — Dessin d'une grande énergie. — A la plume et lavé.

H. 36, L. 53.

596. *Baptême du Christ par saint Jean.* — Dans le ciel, le Père Eternel entouré d'anges. — A la plume.

H. 51, L. 32.

GALLOCHE (LOUIS).

N. 1670, m. 1761, élève de Louis Boulogne ; maître de François Lemoine.

597. *Tête d'homme.* — Portant le doigt à sa bouche, comme pour représenter le Silence. — Au crayon. — C. Mariette, n° 1251. — Au bas est écrit : *Donum D. Dandré Bardon.*

H. 20, L. 17.

LEMOINE (FRANÇOIS).

N. à Paris 1688, m. 1737, élève de Galloche.

598. *Trois femmes et deux hommes se promènent dans un parterre, où deux jardiniers soignent des fleurs.* — Paysage et fond de parc. — Composition dans le genre de Watteau. A l'estompe et au crayon noir, rehaussé de blanc.

H. 28, L. 40.

NATOIRE (CHARLES).

N. 1698, m. 1777, élève de Lemoine.

599. *Apothéose d'un roi de France.* — Il monte au ciel soutenu par la religion. Au bas, la monarchie, agenouillée, est en prières. — A la plume et lavé. — C. Lagoy et Régnault de Lalande.

H. 50, L. 24.

600. *Femme nue et couchée.* — Elle tient un arc de la main droite; sa tête repose sur la main gauche. — Aux crayons rouge et blanc.

н. 23, L. 38.

601. *Étude académique.* — Figure de femme nue et debout; sa main gauche soutient ses draperies. — Étude de main à côté. — Au crayon rouge.

н. 10, L. 23.

BOUCHER (FRANÇOIS).

N. à Paris 1701, m. 1770, élève de François Lemoine, et premier maître de Louis David, son neveu.

602. *Jeune fille, vue de profil, en buste.* — Sur papier bleu, au crayon noir, rehaussé de blanc.

н. 34, L. 26.

603. *Jeune fille, avec des roses dans les cheveux.* — Estompe aux trois crayons, sur papier bleu.

н. 28, L. 22.

604. *Étude de femme nue.* — Elle est assise sur une draperie, et tient son pied dans ses deux mains. — Aux crayons rouge, noir et blanc.

н. 30, L. 23.

605. *Paysage.* — Une cour de ferme; une mare et des canards; une femme, un enfant, et des poules; arbres à droite et à gauche. — Au crayon noir.

н. 33, L. 52.

FRAGONARD (NICOLAS).

N. à Paris vers 1732, m. 1806, élève de Boucher.

606. *Paysage.* — Dans le fond, un château au milieu d'un parc. Au premier plan, un homme, une femme, un enfant et un chien à côté d'un tonneau. — Capricieux dessin au crayon rouge.

н. 34, L. 45.

607. *Étude de terrains et rochers.* — A l'estompe au crayon noir, éclairé de blanc.

н. 29, L. 45.

608. *Tête de vieillard.* — A la plume et lavé.

н. 27, L. 20.

609. *Jeune femme renversée sur un sofa.* — Au crayon rouge. Contre-épreuve.

н. 20, L. 21.

GILLOT (CLAUDE).

N. à Langres 1673, de l'Académie de peinture en 1701, m. à Paris 1722, élève de J.-B. Corneille; maître de Watteau.

610. *Un homme couché tenant une mandoline.* — Au-dessous, une autre étude en petit, dans une attitude différente. — Élégant dessin aux trois crayons, sur papier gris.

н. 29, L. 47.

WATTEAU (ANTOINE).

N. à Valenciennes 1684, m. près Paris 1721, élève de Claude Gillot.

611. *Deux Femmes.* — L'une, assise, met sa chaussure ; l'autre, debout, étend les bras. On la retrouve dans les tableaux du maître. — Inappréciable dessin aux crayons noir et rouge , rehaussé de blanc.

H. 26, L. 21.

611 bis. *Tête d'homme*, avec de grands cheveux. Ressemble à Van Dyck. — Charmante étude aux crayons rouge et noir.

H. 16, L. 19.

611 ter. *Feuille d'études.* — Une femme agenouillée ; deux têtes d'hommes coiffés de chapeaux. — Aux crayons noir et rouge, rehaussé de blanc. — Marqué d'une ancre de marine dans un cercle.

H. 26, L. 34.

612. *Paysage.* — Grands arbres. Une statue sur un piédestal. — Estompe au crayon noir, avec quelques effets de crayon rouge et de crayon blanc.

H. 29, L. 23.

613. *Un homme debout, les bras étendus.* — Figure qu'on rencontre souvent dans les tableaux de Watteau. — Sur papier bleu, au crayon noir rehaussé de blanc.

H. 28, L. 18.

614. *Femme assise*, vue presque de dos, la tête retournée de trois quarts. — Pendant du précédent.

H. 28, L. 18.

LANCRET.

N. 1690, m. 1745, élève de Watteau.

615. *Deux feuilles d'études de figures*, avec divers costumes, gentilshommes, soldats, musiciens, maîtres d'armes, femmes, etc. — Sur papier jaune, l'une à la plume, lavée de laque, l'autre au crayon rouge.

H. 27, L. 33.

QUILLARD.

Premier peintre du roi de Portugal ; élève de Watteau.

616. *Hommes et femmes assis sous des arbres.* — A gauche, une femme trait une vache. — Dessiné à Lisbonne, au crayon rouge. — Contre-épreuve.

H. 26, L. 39.

BOUCHARDON (EDME), sculpteur.

N. 1698, m. à Paris 1762, élève de Guillaume Couston le jeune.

617. *Projet de fontaine.* — Au sommet, trois femmes entrelacées tiennent les urnes renversées, d'où l'eau tombe dans des vasques inférieures. — Au crayon rouge.

H. 43, L. 28.

618. *Un homme jouant avec un dauphin.*—Étude hardie, au crayon rouge.
H. 22, L. 50.

619. *Projet d'une fontaine et de divers groupes, représentant la toilette de Vénus.*—Circulaire.—Au crayon rouge.
D. 36.

DUMONT (JEAN), dit le ROMAIN.
N. 1700, m. 1781.
620. *Un ermite baise les sandales du pape.*—Douze figures.—Au crayon rouge.
H. 26, L. 36.

CHARDIN (J.-B.-SIMÉON).
N. 1701, m. 1779.
621. *Femme assise, les mains jointes.*—Étude de buste à côté.—Charmant dessin au crayon rouge, rehaussé de blanc.
H. 33. L. 24.

JEAURAT (ETIENNE).
Peintre de la reine, femme de Louis XV.
622. *Portrait d'un horloger du temps.*—Il tient une horloge de la main gauche, et de la main droite il montre le cadran.—Physionomie joyeuse et expressive.—A l'estompe et au crayon noir, rehaussé de blanc.
H. 27, L. 22.

VANLOO (CARLE-ANDRÉ).
N. à Nice en Provence 1705, m. à Paris 1765, élève de Jean-Baptiste son frère, et de Benedetto Lutti.
623. *Figure allégorique.* — Femme assise tenant un masque et un cornet. Belles draperies. — Au crayon rouge, rehaussé de blanc.
H. 38, L. 35.

624. *Étude de femme nue.* —La tête n'est qu'indiquée. —Dessin vigoureux, au crayon rouge.
H. 28, L. 33.

FLIPART (JEAN-JACQUES), dessinateur et graveur.
N. à Paris 1723, m. 1773 ou 1782, élève de Laurent Cars. Son frère Charles-François a gravé d'après Fragonard.
625. *Chasse aux ours.* — Cavaliers et chasseurs à pied. Chiens nombreux. Fond de paysage avec des cavaliers au galop. —Dessiné à la sanguine, pour la gravure exécutée d'après Carle Vanloo. (Joubert, t. II, p. 54.)
H. 48, L. 36.

LAGRENÉE (LOUIS-JEAN-FRANÇOIS) le jeune.
N. à Paris 1725, m. 1805, élève de Carle Vanloo.
626. *Sainte Famille.* —La Vierge, Jésus, saint Joseph, sainte

Elisabeth et saint Jean, au milieu de ruines. Fond de paysage. —
Lavé et vivement rehaussé de blanc. — C. Constantin.

H. 28, L. 35

627. *Une femme et un jeune homme visitent un prisonnier.* —
Trois figures. — A la plume, lavé et rehaussé de blanc.

H. 36, L. 45.

628. *Paysage.* — Arbres, montagnes, tombeau, trois personnages.
— Lavé de bistre et de blanc.

H. 39, L. 50.

PEYRON (JEAN-FRANÇOIS-PIERRE).

N. 1744, m. à Paris 1813, élève de J.-F. Lagrenée.

629. *Moïse sauvé des eaux.* — Au crayon rouge et lavé. — D'a-
près le Poussin.

H. 42, L. 57.

LÉPICIÉ (NICOLAS-BERNARD).

N. à Paris 1726, m. 1781, élève de Carle Vanloo ; auteur d'une *Vie
des Peintres.*

630. *Combat.* — Un homme, armé d'un bâton, terrasse deux autres
hommes, à côté d'une fontaine. Femmes effrayées. Troupeaux.
Fond de paysage. — A la plume, au crayon rouge et lavé.

H. 37, L. 51.

631. *Mort de Cléopâtre.* — Six figures. — Au crayon rouge et
lavé. — C. Regnault de Lalande.

H. 28, L. 33.

PIERRE (JEAN-BAPTISTE-MARIE).

N. vers 1744, m. à Paris 1789, élève des Vanloo ; peintre de
Louis XVI.

632. *Figure allégorique de la royauté.* — Elle tient d'une main
le sceptre fleurdelisé, et de l'autre main une couronne. A ses pieds,
deux petits génies répandent l'abondance. — Sur papier bleu,
au crayon noir, rehaussé de blanc.

H. 53. L. 40.

VERNET (CLAUDE-JOSEPH).

N. à Avignon 1714, m. à Paris 1759, élève d'Adrien Manglard.

633. *Marine.* — Plusieurs grands vaisseaux. — A la plume et lavé.

H. 24, L. 36.

634. *Marine.* — A la plume.

H. 14, L. 27.

HEILMANN (J.-GASPARD).

N. à Mulhausen 1718, m. 1760, élève de Doggeler, à Schaffouse.

635. *Une femme assise près d'une cheminée, prépare un pois-
son.* — Au crayon et à l'estompe.

H. 42, L. 31.

VERDUSSEN (JEAN-PIERRE).

Demeurant à Avignon, m. à Marseille 1763.

636. *Chasse au cerf.* — Trois chasseurs au galop, le premier

sonnant de la trompe. Un piqueur tient un chien en laisse. Au premier plan, troupeaux effrayés.

636 bis. *Retour de la chasse.* — Plusieurs personnages à cheval, à la porte d'un parc. Chasseurs assis, chiens nombreux. A gauche, le gibier étendu par terre. Fond de paysage. Pendant du précédent. — A la mine de plomb.

H. 35, L. 51.

637. *Halte de cavaliers.*

637. bis. *Une voiture attelée de quatre chevaux; plusieurs cavaliers à la portière.* — Ces deux pendants sont au crayon rouge.

H. 32, L. 44.

638. *Bataille.*

638 bis. *Même sujet.* Pendant. — A la mine de plomb.

H. 22, L. 38.

Ces six dessins proviennent de la collection Florenville.

CASANOVA (FRANÇOIS).

N. à Londres 1730, m. 1805, frère de l'aventurier Casanova; imitateur du Bourguignon.

639. *Combat.* — Dans le genre du Bourguignon et de Simonini. A la plume et lavé.

H. 40, L. 61.

LOUTERBOURG (PHILIPPE-JACQUES).

N. à Strasbourg 1740, m. à Paris 1768, élève de Tischbein et de Casanova.

640. *Un berger endormi, à côté de deux vaches et de son chien.* — Une bergère lui enlève un agneau. Fond de paysage. — Sur papier bleu, lavé et rehaussé de blanc.

H. 25, L. 33.

641. *Un berger endormi.* — Une vache, un âne, une chèvre, un mouton et un chien. Fond de paysage. — Au crayon noir, rehaussé de blanc.

H. 23, L. 37.

PAJOU, sculpteur.

N. 1730, m. 1809, élève de Lemoine le sculpteur.

642. *Un fleuve.* — Figure allégorique au milieu d'un paysage. — Estompé au crayon rouge. — C. Regnault Delalande.

H. 42, L. 56.

643. *Projet d'un tombeau pour Louis XV.* — La France éplorée est assise au pied du monument. Le piédestal porte : *Obiit* 10 mai 1774. — Médaillon à la plume et lavé.

D. 21.

644. *Deux projets d'urnes sépulcrales,* sur la même feuille. — A la plume, lavé et rehaussé de blanc.

H. 32, L. 18 chaque.

ROLLAND (PHILIPPE-LAURENT), sculpteur.

N. 1745, m. 1815; élève de Pajou.

644 bis. *Étude de trois figures nues*, un homme à barbe et deux femmes. — Au crayon rouge.

H. 25, L. 40.

644 ter. *Diverses études de fontaines et d'ornements.* — Au crayon rouge. — Contre-épreuve.

H. 26, L. 40.

GREUZE (JEAN-BAPTISTE).

N. à Tournus 1734, m. à Paris 1807.

645. * *Charmant dessin du jeune chasseur* dans la *Mère heureuse.*—On sait que c'est le portrait de M. de Laborde. — Aux crayons noir et rouge, estompé. *

H. 49, L. 33.

646. * *Tête d'une jeune fille, coiffée d'un bonnet.* — Grandeur naturelle. — Au crayon rouge.

H. 40. L. 31.

647. * *Tête de jeune fille.*—Vue de trois quarts. L'épaule est indiquée par un trait. Grandeur naturelle. — Au crayon rouge.

H. 36, L. 32.

648. *Tête d'Homère.*—Plus grande que nature.—Au crayon rouge.

H. 47, L. 35.

649. *Deux figures en pied.*—Esquisse rapide à la plume et lavée d'encre de la Chine.

H. 23, L. 17.

650. *Étude de bras et de mains.*—Un des bras porte un bracelet au poignet.—Au crayon rouge.

H. 32, L. 40.

651. *Étude de bras.*—On voit l'intérieur de la main, et les doigts tiennent un cordon. — Au crayon rouge.

H. 27, L. 39.

WILLE fils.

N. à Paris 1749, élève de Greuze et de Vien.

652. * *Jeune femme assise dans un fauteuil, accoudée sur une table, et tenant un oiseau entre ses mains.* La cage est sur la table.—Avec cette inscription : P. A. Wille filius del. 1770. — Terminé, à la sanguine.

H. 33, L. 23.

653. *Portrait de jeune femme avec une rose sur le sein.* — On voit sa main et son bras avec un bracelet. P. A. Wille filius, 1773. — Aux trois crayons. — Cabinet Regnault de Lalande.

H. 31, L. 25.

654. *Jeune femme assise, tenant une plume.* — P. A. Wille filius, 1772. — Au crayon noir.

H. 31, L. 23.

655. *Figure d'étude.*— Jeune homme.—Au crayon rouge.
H. 56, L. 43.

656. *Figure d'étude.* —Jeune femme avec un bonnet. — Au crayon violet.
H. 51, L. 41.

LEMPEREUR (LOUIS), graveur.
N. à Paris vers 1723, m. vers 1796 ; élève d'Aveline.

656 bis. *Une prise à Sceaux.* — Au crayon rouge. C. Regnault de la Lande.
H. 22, L. 34.

656 ter. *Paysage.* —Lavé. Même cabinet.
H. 25, L. 34.

ROBERT (HUBERT).
N. à Paris 1735, m. 1803.

657. *Grand paysage.* —Architecture, fontaines, escalier, personnages. — Au crayon rouge.
H. 41, L. 55.

658. *Entrée de caverne et paysage.* — Au premier plan un cheval et des tonneaux. — Au crayon rouge. — Cab. Florenville, n° 270.
H. 46, L. 38.

659. *Un prédicateur monté sur des ruines.* — Figures d'hommes, de femmes et d'enfants. A droite, un beau monument avec des colonnes ; à gauche, un arbre. — A la plume sur crayon noir. —C. Regnault Delalande.
H. 39, L. 28.

660. *Paysage.* — Rochers et arbres. Un homme et une femme. — A la plume sur crayon. — C. Regnault Delalande.
H. 36, L. 29.

661. *Descente de croix.* — Grande composition de huit figures. — A la plume et lavé de laque.
H. 44, L. 26.

BOICHOT (JEAN), sculpteur.
N. à Châlons-sur-Saône 1738, m. 1814; de l'Académie de peinture.

661 bis. *Entrevue de Tilsitt.* Napoléon et Alexandre, entourés de leur cour. — Vingt-six figures. — Composition pour un bas-relief. — A la plume et lavé.
H. 70, L. 51.

661 ter. *Composition avec des figures allégoriques.* — A la plume et lavé.
H. 26, L. 56.

SUVÉE (JOSEPH-BENOIST).
N. à Bruges 1743, m. 1807, élève de Bachelier, et directeur de l'Académie de France à Rome, en 1797.

662. *Grande étude académique.* — Homme renversé sur un rocher, avec cette inscription : « Figure de médaille, dessinée par

« Suyée en 1764. » — A l'estompe, au crayon noir et rehaussé
de blanc.

H. 35, L. 48.

BERTHELEMY (JEAN-SIMON).
  N. à Laon 1743, m. à Paris 1811, élève de Hallé.
663. *Grande figure d'homme à barbe, enveloppé de draperies.*
  — Sur papier-bleu, au crayon noir, rehaussé de blanc.

H. 48, L. 30.

664. *Grande figure de femme demi-nue, tenant un enfant sur
son épaule.* — Au crayon rouge, rehaussé de blanc sur papier
bleu.

H. 49, L. 30.

HUET (JEAN-BAPTISTE-MARIE).
  N. à Paris 1746, m. 1811, élève de Dagommer, peintre d'animaux,
  et de J.-B. Léprince.
665. *Paysage.* — Un parc, une chute d'eau entre deux lions. Quatre personnages. — Pastel, signé J.-B. Huet, 1770.

H. 20, L. 47.

666. *Pendant du précédent.* — Trois personnages. Une vache,
deux moutons, un chien. —Même signature et même dimension.

667. *Paysage.* — Une vache sur une éminence; un berger, une
bergère et des moutons au premier plan. — Au crayon noir.

H. 33, L. 32.

668. *Jeune pâtre suivi de son chien.* — Fond de paysage. —
Pastel. Nous le croyons plutôt de Boucher.

H. 30, L. 21.

HOUDON (JEAN-ANTOINE), sculpteur.
  N. 1740, m. 1823 ou 1826; élève de Michel-Ange Slodtz.
669. *Grande étude académique.* — Homme nu assis. — A l'estompe, au crayon noir, rehaussé de blanc.

H. 36, L. 42.

DUPLESSI-BERTAUX (JEAN), dessinateur et graveur.
  N. à Paris 1750, m. 1818; élève de Vien pour la peinture, de Le-
  bas pour la gravure.
670. *Deux batailles et une halte de cavaliers.* — Trois petits
sujets sur la même feuille. — A la plume et lavé.

H. 11, L. 18.

DEMARNE (JEAN-LOUIS).
  N. à Bruxelles 1752, m. à Paris 1829, élève de Gabriel Briard et de
  Nicasius.
671. * *Paysage et animaux.* —Deux femmes et un homme; deux
vaches, deux chèvres, un âne, un chien, des moutons. —Esquisse
hardie à la plume. — G. Nergaard.

H. 20, L. 31.

672. *Deux études de chèvres*, au milieu d'un paysage. — A la plume et lavé. — C. Regnault de Lalande.
H. 25, L. 38 chaque.

DAVID (LOUIS).
N. à Paris 1750, m. à Bruxelles 1825, élève de Boucher et de Vien.

673. *¹ Étude académique.* — Figure de femme nue, tenant une draperie. — Au crayon noir avec quelques coups de crayon rouge.
H. 45, L. 33.

674. *Étude de guerrier nu.* — Il porte un bouclier avec la tête de Méduse. — Au crayon noir, rehaussé de blanc.
H. 45, L. 32.

675. *La République.* — Figure couchée, tenant une hache et des faisceaux. — Au crayon rouge.
H. 17, L. 25.

GUÉRIN (PIERRE).
N. à Paris 1774, m. à Rome 1833, élève de Taraval, de J.-B. Regnault et de David.

676. *Priam aux pieds d'Achille.* — A la mine de plomb. — C. Nergaard.
H. 25, L. 31.

HENNEQUIN (PHILIPPE-AUGUSTE).
N. à Lyon 1763, m. en Belgique; élève de David.

677. *La mort de Socrate.* — Composition analogue à celle de Louis David. — A la plume et lavé.
H. 34, L. 51.

LAFITTE.
N. à Paris, élève de J.-B. Regnault.

678. *Combat où se trouve Napoléon.* — A la plume et lavé. — C. Nergaard.
H. 12, L. 30.

679. *Portrait de femme debout, à côté d'un piano.* — Dessin terminé. — Au crayon noir, rehaussé de blanc, sur papier bleu.
H. 36, L. 21.

PRUDHON (PIERRE-PAUL).
N. à Cluny, m. à Paris 1823.

680. *¹ Cupidon.* — Il est assis sous des arbres sombres, et tient son arc dans la main; à gauche, un petit Amour prépare une flèche. Le visage de Cupidon est dans une demi-teinte mystérieuse; les cheveux et le nez seuls reçoivent de doux reflets argentés. Le charme et la finesse de l'expression rappellent à la fois le Vinci et le Corrège. — Dessin d'une perfection exquise, tout à fait terminé comme la gravure la plus soignée. — Au crayon noir, rehaussé de blanc.
H. 25, L. 20.

681. *Figure académique.* — Grande femme nue, étendant le bras gauche horizontalement. — Superbe étude, d'un modelé extraordinaire.— Sur papier bleu, au crayon noir et rehaussé de blanc.

H. 44, L. 27.

682. *Deux têtes.* — Une tête de jeune homme, de profil; une tête d'homme à barbe, de profil. — A l'estompe, au crayon noir, rehaussé de blanc. (Ecole de Prudhon.)

H. 26, L. 15.

TABLE

PAR ORDRE D'ÉCOLES ET DE CHRONOLOGIE.

École de Crémone.

Trotti. 216. Massarotti. 217.

École de Gènes.

Cambiaso. 218, 219, 220, 221, 222, 223.
Castiglione. 224, 225, 226.

Biscaino. 227, 228.
Piola. 229, 230.
Palmieri. 231, 232.

École de Naples.

Ligorio. 233.
Caracciolo. 234.
Vaccaro. 235.
Calabreso. 236.
Salvator Rosa. 237, 238, 239, 240.

Giordano. 241, 242, 243, 244, 245.
Paolo de Matteis. 246.
Solimene. 247, 248, 249.

École de Bologne.

Primatice. 250, 251, 252.
Sabadini. 253.
Pellegrino Tibaldi. 254, 255.
Fontana. 256.
Tiarini. 257.
Louis Carrache. 258, 259.
Augustin Carrache. 260. 261.
Annibal Carrache. 262, 263, 264, 265, 266, 267, 268.
Antoine Carrache. 269.
Brizio. 270.
Guido Rhéni. 271, 272, 273, 274.
Canuti. 275.
Burrini. 276, 277.
Cantarini. 278, 279.
Creti. 280, 281.
Graziani. 282.

Dominiquin. 283, 284, 285, 286, 287.
Barba Lohga. 288.
Bolognese. 289, 290, 291.
Guerchin. 292, 293, 294, 295.
Gennari. 296.
Ghezzi. 297.
Savolini. 298.
Stringa. 299.
Albane. 300.
Mola. 301, 302, 303.
Cignani. 304, 305, 306, 307, 308.
Crespi. 309.
Colonna. 310.
Bibiena. 311, 312, 313, 314, 315.
Milani. 316, 317.
Citadini. 318.

École espagnole.

Ribera. 319. Murillo. 320, 321, 322.

Ecole allemande.

Volgemuth. 323.
Durer. 324, 325, 326.
Holbein. 327.
Rothenhamer. 328, 329, 330.

Elsheimer. 331, 332.
Sandrardt. 333.
Meyer. 334.
Roos. 335, 336, 337, 338.
Dietrick. 339, 340, 341.

Ecole Flamande.

Bos. 342.
Messys (Quintin). 343, 344.
Orley. 345.
Kimppert. 346, 347, 348.
Coxcie. 349.
Porbus. 350, 351, 352.
Vos (Martin de). 353, 354.
Stradan. 355.
Spranger. 356, 357, 358.
Vadder. 359, 360, 361.
Aspenck. 362.
François (Lucas). 363, 363 bis.
Vinckembooms. 364, 365, 366.
Bril (Paul). 367, 368, 369.
Savery. 370, 371.
Nieulant. 372.
Franck. 373, 374.
Franck. 375.
Breughel. 376, 377.
Breughel. 378, 379, 380, 381.
Monper. 382, 383.
Ruebns. 384, 385, 386, 387, 388, 389, 390.

Sneyders. 391, 392.
Jordaens. 393, 394, 395, 395 bis.
Van Dyck. 396, 397.
Thulden. 398.
Diepenbecke. 399, 400.
Quellyn. 401, 402.
Hoeck. 403.
Crayer. 404, 405.
Seghers. 406.
Miel. 407.
Fouquières. 408.
Opstal. 409.
Van Uden. 410, 411, 412, 413.
Brauwer. 414.
Hormans. 415.
Teniers. 416, 417.
Van Helmont. 418.
Flemael. 419, 420.
Coques. 421.
Elliger. 422.
Maes. 423.
Spierings. 424.
Bloemen (Pierre Van). 425.
Bloemen (Norbert Van). 426.

Ecole Hollandaise.

Lucas de Leyde. 427.
Hemskerck (Martin Van). 428.
Barensten. 429.
Goltzius. 430, 431, 432, 433.

Cornelis. 434.
Bramer. 435.
Rombouts. 436.
Bloemart (Abraham). 437, 438, 439.
Bloemart (Cornille). 440.

Ecole Française.

TABLE ALPHABÉTIQUE.

A

B

C

G

Galloche, 66.
Garzi, 12.
Gauli, 12.
Gennari, 34.
Genoels, 61.
Ghezzi, 34.
Ghirlandajo, 1.
Gillot, 67.
Giordano, 29.
Giorgione, 16.

Goltzius, 49.
Goujon, 57.
Goyen (Van), 52.
Graziani, 33.
Greuze, 72.
Guaspre, 61.
Guerchin, 34.
Guérin, 75.
Guide, 32.

H

Heilmann, 70.
Helmont, 47.
Hemskerck, 49.
Hennequin, 75.
Heyden (Van der), 55.
Hobbéma, 54.
Hoeck, 46.

Holbein, 38.
Hormans, 47.
Houdon, 74.
Huel, 74.
Hugtenburg, 56.
Huysum, 55.

J

Jansson, 56.
Jeaurat, 69.
Jordaens, 45.

Josepin, 10.
Jouvenet, 64.
Jules Romain, 7.

K

Kabel (Van der), 52.
Kimppert, 40.

Kneller, 51.
Koning, 53.

L

Laar, 53.
La Fage, 66.
Lafitte, 75.
La Fosse, 59.
Lagrenée, 69.
La Hyre, 62.
Lairesse, 56.
Lancret, 68.
Lanfranc, 11.
Largillière, 65.
Lauri, 12.

Lebrun, 59.
Leclerc, 64.
Lemoine, 66.
Lempereur, 73.
Lenain, 59.
Lépicié, 70.
Lesueur, 58.
Ligorio, 28.
Locatelli, 15.
Loir, 61.
Longhi, 22.

Q

Quellyn, 46.

Quillard,

R

Rademaker, 57.
Raffaellino de Reggio, 9.
Raphaël, 6.
Rembrandt, 51.
Restout (Jean), 65.
Restout, le fils, 65.
Ribera, 36.
Ricci, 21.
Ricciolini, 15.
Ridolfi (Carlo), 21.
Ridolfo (Claudio), 20.

Rivalz, 66.
Robert, 73.
Rolland, 71.
Romanelli, 13.
Rombouts, 50.
Roncalli, 4.
Rosa de Tivoli, 39.
Rosso, 3.
Rotbenhamer, 38.
Rubens, 44.

S

Sabadini, 30.
Sacchi, 11.
Saiter, 15.
Salimbeni (Archangelo), 24.
Salimbeni (Ventura), 24.
Salvator Rosa, 28.
Salviati, 3.
Sandrardt, 38.
Sauterre, 65.
Savery, 42.
Savolini, 34.
Scaminozzi, 5.

Schidone, 24.
Sébastien del Piombo, 17.
Seghers, 46.
Simonini, 24.
Sneyders, 44.
Solimène, 29.
Spierings, 48.
Spranger, 41.
Stradan, 41.
Stringa, 34.
Suvée, 73.

T

Teniers, 47.
Thulden (Van), 45.
Tiarini, 30.
Tiepolo, 22.

Tintoret, 19.
Titien, 18.
Trevisani, 21.
Trotti, 26.

U

Uden (Van), 47.

Ulft (Van der), 65.

V

Vaccaro, 28.
Vadder, 41.

Vanloo (Carle), 69.
Vanni (Francesco), 24.

FIN.

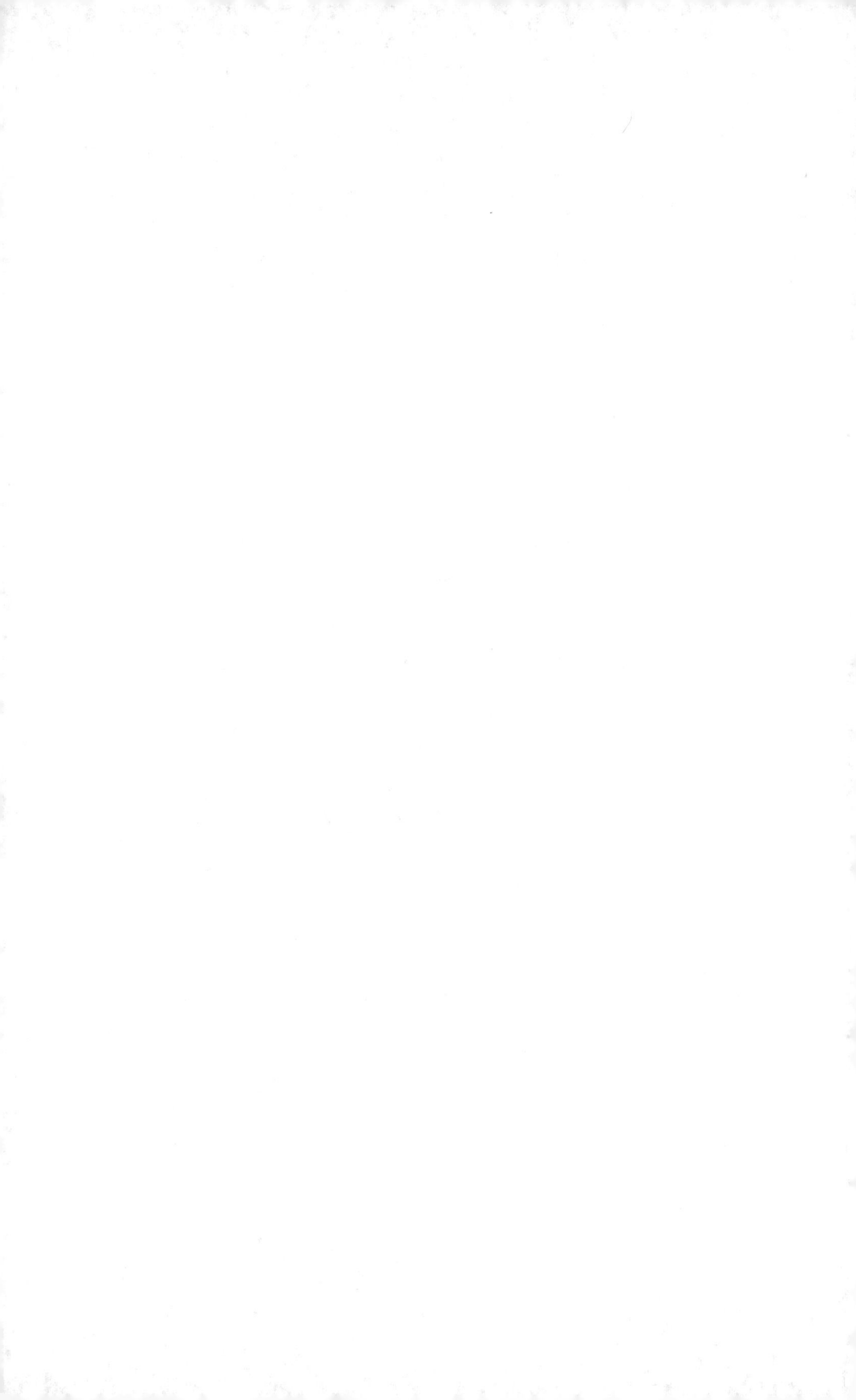

www.ingramcontent.com/pod-product-compliance
Lightning Source LLC
Chambersburg PA
CBHW071412220526
45469CB00004B/1267